리얼 관광 일본어 2

저자
이경수
박민영
송정식
김진희
미네자키 도모코

시사일본어사

일본이라는 나라는 많이 알고 있는 것 같지만 잘 모르는 나라이고, 또 잘 모르고 있는 것 같은데 사실은 많이 알고 있는 나라이기도 합니다. 일본인이 한국에 와서 친숙한 느낌을 갖고, 우리가 일본에 가서도 위화감이 적은 이유는 아마도 생김새나 의상, 음식, 주택 사정 등 생활 양식이 전반적으로 우리와 유사하기 때문이겠지요. 이 책은 한국인이 일본에서 체험한 것을 바탕으로, 또 일본인이 한국에서 체험한 것을 바탕으로 이루어져 있습니다. 한국인이 이것만은 알고 일본에 가면 많은 도움이 될 것들과, 알고 있는 일본인이 한국에 오면 이것만은 보여주고 알려주어야 하는 것들을 중심으로 엮으려고 노력하였습니다. 우선 기본적으로 일본어의 문자와 발음을 익힌 후 본격적인 일본어 학습에 돌입합니다. 각 과는 먼저 본문 회화를 통하여 전반적인 양국의 문화를 접할 수 있도록 하였고, 본문 회화에 나오는 단어와 관용 표현을 공부한 후 예문을 통하여 문법을 정리했으며, 주요 인토네이션 연습과 응용 회화를 통하여 심화 학습을 꾀하였습니다. 또한 연습문제를 통하여 배운 내용을 다시 한번 학습하고, 마지막으로 칼럼에 우리 문화와 일본 문화를 소개하여 상호 이해를 도울 수 있도록 하였습니다. 네 명의 젊은 연구자와 한 명의 일본인으로 구성된 저희 집필진들의 다년간의 일본 생활과 한국 생활을 통하여 각자가 보고 느끼고 겪은 것을 취합하여 실제로 일본어 학습에 도움이 될 수 있도록 이 책에 최대한 재현해 놓았습니다. 때문에 이 책은 무엇보다도 '생생한 현장감을 느낄 수 있다'는 장점을 가지고 있습니다. 더불어 관광 안내자뿐만 아니라 우리 모두가 기본적으로 알아야 할 내용으로 스토리 라인을 구성하였기에 각 과마다 흥미로우며, 어느 누구라도 입문에서 중급까지 이 한 권의 책으로 소화할 수 있게 체계적인 짜임새를 갖추도록 노력하였습니다. 이 책이 일본어의 습득은 물론 그들의 문화와 한일 서로간의 상호 이해에도 많은 도움이 되길 바라며, 나아가 한국과 일본이 더 이상 가깝고도 먼 나라가 아닌 진정한 의미에서 서로 믿고 신뢰하는 가깝고도 가까운 나라로서, 진정한 파트너로서 좋은 관계가 유지되기를 소망하는 바입니다.

구성과 특징

본 교재는 집필진들의 다년간의 일본 생활과 한국 생활을 통하여 체험한 것을 일본어 습득에 도움이 되도록 최대한 재현해 놓은 책입니다. 생생한 현실감과 함께 스토리성이 가미된 본문 회화를 통해 일본어 공부뿐만 아니라 일본에 대한 흥미로운 사실을 엿볼 수 있을 것입니다.

리얼 관광 일본어 스토리 라인

일본인의 한국 체험

한국인 김지호 씨와 그의 부인 박미나 씨가 친분이 있는 일본인 부부 스즈키 교코 씨와 스즈키 다카오 씨에게 서울 관광을 시켜줍니다. 이들은 번화한 서울 시내도 구경하고, 삼계탕과 한정식 등의 한국 음식도 체험하고, 우리의 음주 문화도 배웁니다. 또한 유명한 관광지로서 우리의 고전과 현대를 함께 볼 수 있는 인사동 거리, 조선시대 건축물과 생활 양식을 한눈에 볼 수 있는 민속촌, 한국의 대표적 관광지인 신라 천년의 고도 경주도 찾아가 즐거운 시간을 보냅니다. 경주를 끝으로 이들 부부는 한국에서의 마지막을 아쉬워하며 일본에서 다시 만날 것을 약속하며 헤어집니다.

한국인의 일본 체험

일본에서 재회한 김지호 씨 부부와 스즈키 씨 부부. 일본 현지에서 교코와 다카오의 안내를 받으며, 도쿄의 가장 번화한 거리인 신주쿠를 구경하고 회전 초밥을 먹고 우에노 공원 산책도 합니다. 또 상업 도시인 오사카와 일본 천년의 수도 교토에서 일본의 역사와 문화를 보고 느끼고 교토 지역의 사투리까지 배우며 우리나라의 경주와 비교해 보기도 합니다. 마지막 날, 그동안의 피로를 풀기 위해 벳푸에 가서 온천을 즐긴 후 작별 인사를 나누며 귀국합니다.

✦ 본문 회화 ✦

김지호 씨 부부와 다카오 씨 부부의 대화를
통해 전반적인 한일 문화를 접할 수 있도록
하였습니다.

✦ 새 단어 ✦

본문 회화에 나오는 새로운 단어를
수록했습니다.

✦ 관용 표현 ✦

각 과에서 나오는 일본인들이 자주 쓰는
관용 표현을 정리해 놓았습니다.

✦ 문법 정리 ✦

각 과의 주요 문법 사항을 예문과 함께
알기 쉽게 설명했습니다.

✦ 응용 회화 ✦

회화 및 문법에서 다룬 내용을
응용한 문장을 듣고 억양을 체크
할 수 있도록 했습니다.

✦ 연습문제 ✦

문법 사항과 본문 회화를 반복 연습할 수 있도록
다양한 문제를 제시하였습니다.

✦ 칼럼 ✦

한국과 일본의 문화 비교를 통해 상호 이해를
도울 수 있도록 꾸몄습니다.

차례

스즈 키 교 코
鈴木京子
区役所職員(구청 직원)

박　미　나
パク ミナ
主婦(주부)

스즈 키 다카 오
鈴木孝夫
ラーメン店経営(라면가게 경영)

김　지　호
キム ジホ
貿易会社勤務(무역회사 근무)

관광 일본어
필수 표현

아는 만큼 통하는 관광 일본어

✿ 인사

- おはようございます。 안녕하세요.

- ありがとうございます。 감사합니다.

- どうも。 고맙습니다.

- すみません。 죄송합니다, 실례합니다.

- いただきます。 잘 먹겠습니다.

- ごちそうさまでした。 잘 먹었습니다.

- よろしくお願いします。 잘 부탁드립니다.

- お世話になりました。 신세 많이 졌습니다.

✿ 호텔에서

- かしこまりました。 알겠습니다.

- お待たせいたしました。 오래 기다리셨습니다.

- 申し訳ございません。 대단히 죄송합니다.

- 少々お待ちください。 잠시만 기다려 주십시오.

- ご案内いたします。 안내해 드리겠습니다.

✿ 식당에서

- いらっしゃいませ。 어서오세요.

- 何名様でしょうか。 몇 분이십니까?

- ご注文はお決まりでしょうか。 주문은 결정하셨습니까?

- お決まりになりましたらお呼びください。 결정하시면 불러 주세요.

- ご注文は以上でよろしいですか。 주문하신 것은 이게 전부인가요?(주문 확인)

- ごゆっくりどうぞ。 천천히 즐겨 주세요.

관광 일본어에 필요한 조수사

1. 숫자

1 숫자

1	いち	2	に	3	さん	4	よん・し	5	ご
6	ろく	7	しち・なな	8	はち	9	きゅう・く	10	じゅう

100	ひゃく	200	にひゃく	300	さんびゃく
400	よんひゃく	500	ごひゃく	600	ろっぴゃく
700	ななひゃく	800	はっぴゃく	900	きゅうひゃく
1,000	せん	2,000	にせん	3,000	さんぜん
4,000	よんせん	5,000	ごせん	6,000	ろくせん
7,000	ななせん	8,000	はっせん	9,000	きゅうせん
10,000	いちまん	100,000	じゅうまん	1,000,000	ひゃくまん

2 수량

몇 개	幾つ	いくつ
한 개	一つ	ひとつ
두 개	二つ	ふたつ
세 개	三つ	みっつ
네 개	四つ	よっつ
다섯 개	五つ	いつつ
여섯 개	六つ	むっつ
일곱 개	七つ	ななつ
여덟 개	八つ	やっつ
아홉 개	九つ	ここのつ
열 개	十	とお

몇 병	何本	なんぼん
한 병	一本	いっぽん
두 병	二本	にほん
세 병	三本	さんぼん
네 병	四本	よんほん
다섯 병	五本	ごほん
여섯 병	六本	ろっぽん
일곱 병	七本	ななほん
여덟 병	八本	はちほん/はっぽん
아홉 병	九本	きゅうほん
열 병	十本	じゅっぽん/じっぽん

2. 날짜와 시간

1 월

1月 いちがつ	2月 にがつ	3月 さんがつ	4月 しがつ	5月 ごがつ	6月 ろくがつ
7月 しちがつ	8月 はちがつ	9月 くがつ	10月 じゅうがつ	11月 じゅういちがつ	12月 じゅうにがつ

2 일 · 요일

월요일 月曜日 げつようび	화요일 火曜日 かようび	수요일 水曜日 すいようび	목요일 木曜日 もくようび	금요일 金曜日 きんようび	토요일 土曜日 どようび	일요일 日曜日 にちようび
1일	2일	3일	4일	5일	6일	7일
ついたち	ふつか	みっか	よっか	いつか	むいか	なのか
8일	9일	10일	11일	12일	13일	14일
ようか	ここのか	とおか	じゅう いちにち	じゅう ににち	じゅう さんにち	じゅう よっか
15일	16일	17일	18일	19일	20일	21일
じゅう ごにち	じゅう ろくにち	じゅう しちにち	じゅう はちにち	じゅう くにち	はつか	にじゅう いちにち
22일	23일	24일	25일	26일	27일	28일
にじゅう ににち	にじゅう さんにち	にじゅう よっか	にじゅう ごにち	にじゅう ろくにち	にじゅう しちにち	にじゅう はちにち
29일	30일	31일	·何月 몇 월 なんがつ	·何日 며칠 なんにち	·何曜日 무슨 요일 なんようび	
にじゅう くにち	さんじゅう にち	さんじゅう いちにち				

3 시

1時 いちじ	2時 にじ	3時 さんじ	4時 よじ	5時 ごじ	6時 ろくじ
7時 しちじ	8時 はちじ	9時 くじ	10時 じゅうじ	11時 じゅういちじ	12時 じゅうにじ
·午前 오전 ごぜん	·午後 오후 ごご	·何時 몇 시 なんじ	·何時間 몇 시간 なんじかん		

4 분

1分 いっぷん	2分 にふん	3分 さんぷん	4分 よんぷん	5分 ごふん	6分 ろっぷん
7分 ななふん	8分 はちふん/はっぷん	9分 きゅうふん	10分 じゅっ/じっぷん	30分 さんじゅっぷん	半 はん

・何分　몇 분
　なんぷん

3. 인원

몇 명	何人	なんにん		몇 분	何名様	なんめいさま
한 명	一人	ひとり		한 분	お一人 一名様	おひとり いちめいさま
두 명	二人	ふたり		두 분	お二人 二名様	おふたり にめいさま
세 명	三人	さんにん		세 분	三名様	さんめいさま
네 명	四人	よにん		네 분	四名様	よんめいさま
다섯 명	五人	ごにん		다섯 분	五名様	ごめいさま
여섯 명	六人	ろくにん		여섯 분	六名様	ろくめいさま
일곱 명	七人	ななにん しちにん		일곱 분	七名様	しちめいさま ななめいさま
여덟 명	八人	はちにん		여덟 분	八名様	はちめいさま
아홉 명	九人	きゅうにん くにん		아홉 분	九名様	きゅうめいさま
열 명	十人	じゅうにん		열 분	十名様	じゅうめいさま

동사 · 형용사 활용표

✿ 동사(動詞) 활용표

동사종류	기본형(사전형)	정중형(ます형)	부정형(ない형)	종지형	연체형	가정형(〜ば)
5단 동사 (1류 동사)	書く 쓰다 * か	書きます	書かない	書く	書く	書けば
	泳ぐ 수영하다 およ	泳ぎます	泳がない	泳ぐ	泳ぐ	泳げば
	行く 가다 い	行きます	行かない	行く	行く	行けば
	買う 사다 か	買います	買わない	買う	買う	買えば
	持つ 들다 も	持ちます	持たない	持つ	持つ	持てば
	乗る 타다 の	乗ります	乗らない	乗る	乗る	乗れば
	読む 읽다 よ	読みます	読まない	読む	読む	読めば
	遊ぶ 놀다 あそ	遊びます	遊ばない	遊ぶ	遊ぶ	遊べば
	死ぬ 죽다 し	死にます	死なない	死ぬ	死ぬ	死ねば
1단 동사 (2류 동사)	見る 보다 み	見ます	見ない	見る	見る	見れば
	食べる 먹다 た	食べます	食べない	食べる	食べる	食べれば
か행불규칙	来る 오다 く	きます	こない	くる	くる	くれば
さ행불규칙	する 하다	します	しない	する	する	すれば

*書く : 書きます、書きました、書かない、書きません=書かないです、書きませんでした=書かなかったです、
書きましょう、書きたいです、書いている、書いています、書いていました、書いてしまう、
書いてしまいます、書いてみてください、書いてみてくださいませんか、書いてみてもいいですか

✿ 형용사(形容詞) 활용표

	기본형	명사수식형	정중(です)	부정형(〜ない)
い형용사	うれしい 기쁘다	うれしい	うれしいです	うれしくない
	優しい 상냥하다, 자상하다 やさ	優しい	優しいです	優しくない
な형용사	しずかだ 조용하다	しずかな	しずかです	しずかではない
	親切だ 친절하다 しんせつ	親切な	親切です	親切ではない

명령형	의지/권유형	접속형(~て)	과거형(~た)	열거형(~たり)	사역형 (~せる/させる)	수동형 (~れる/られる)
書け	書こう	書いて	書いた	書いたり	書かせる	書かれる
泳げ	泳ごう	泳いで	泳いだ	泳いだり	泳がせる	泳がれる
行け	行こう	行って	行った	行ったり	行かせる	行かれる
買え	買おう	買って	買った	買ったり	買わせる	買われる
持て	持とう	持って	持った	持ったり	持たせる	持たれる
乗れ	乗ろう	乗って	乗った	乗ったり	乗らせる	乗られる
読め	読もう	読んで	読んだ	読んだり	読ませる	読まれる
遊べ	遊ぼう	遊んで	遊んだ	遊んだり	遊ばせる	遊ばれる
死ね	死のう	死んで	死んだ	死んだり	死なせる	死なれる
見ろ	見よう	見て	見た	見たり	見させる	見られる
食べろ	食べよう	食べて	食べた	食べたり	食べさせる	食べられる
こい	こよう	きて	きた	きたり	こさせる	こられる
しろ/せよ	しよう	して	した	したり	させる	させられる

부정의 정중형	과거형(~た)	과거 정중형	접속형(~て)	なる접속형
うれしくないです うれしくありません	うれしかった	うれしかったです	うれしくて	うれしくなる
優しくないです 優しくありません	優しかった	優しかったです	優しくて	優しくなる
しずかではないです しずかではありません	しずかだった	しずかでした	しずかで	しずかになる
親切ではないです 親切ではありません	親切だった	親切でした	親切で	親切になる

おしゃれな町、明洞
まち　　ミョンドン

🎧 2-01

孝夫　　わあ、混んでいますね。
　　　　　　こ

パク　　ここが明洞の中心です。韓国で一番土地が高い場所ですよ。
　　　　　　ミョンドン　ちゅうしん　　かんこく　いちばんとち　たか　ばしょ

キム　　日本の新宿や渋谷に似てます。明洞はいつも人でいっぱいです。
　　　　　　にほん　しんじゅく　しぶや　に　　　　　　　　　　　　ひと

京子　　あの女の人、おしゃれでかわいいですね。
　　　　　　おんな　ひと

キム　　私は、若者のファッションはあまりよく分かりません。
　　　　　　わたし　わかもの　　　　　　　　　　　　　わ

　　　　でも、ここには流行の服やくつなどがたくさんあります。
　　　　　　　　　　りゅうこう　ふく

パク　　昔から高級ブランド品のブティックやおしゃれなカフェが
　　　　　　むかし　こうきゅう　ひん

　　　　集まっています。
　　　　　あつ

孝夫　　じゃ、先におしゃれなカフェに行って、コーヒーでも飲みましょうか。
　　　　　　　　さき　　　　　　　　　　　　い　　　　　　　　　　　　の

京子　　いいえ、コーヒーはショッピングしてから飲みましょう。
　　　　　　　　　　　　　　　　　　　　　　　　　　の

16

おしゃれな	세련된, 멋진
混こむ	북적거리다, 붐비다
中心ちゅうしん	중심
土地とち	토지, 땅
場所ばしょ	장소
新宿しんじゅく	[지명] 신주쿠
渋谷しぶや	[지명] 시부야
似にている	닮았다
いつも	언제나
いっぱいだ	가득하다
女おんなの人ひと	여자
かわいい	귀엽다
若者わかもの	젊은이
ファッション	패션
よく	잘, 자주
分わかる	알다, 이해하다
流行りゅうこう	유행
服ふく	옷
くつ	구두
昔むかし	옛날
高級こうきゅう	고급
ブランド品ひん	명품, 상품
ブティック	부티크
カフェ	카페
集あつまる	모이다

관용 표현

✦ 若者のファッションはあまりよく分かりません。　젊은 사람들의 패션은 별로 잘 모르겠어요.

✦ 日本の新宿や渋谷に似ています。　일본의 신주쿠나 시부야와 비슷합니다.

문법 정리

V〜て

동사에 「〜て」를 연결하면 순차 동작, 병행 동작, 수단·방법, 원인·이유, 나열 등을 나타낼 수 있다. 이와 같이 て형에 접속하는 동사 형태를 음편(音便)이라고 하는데, 음편은 아래와 같이 동사의 종류에 따라 접속 형태가 다르다.

동사 종류	활용	활용 예
1그룹 동사	い음편 　く → いて　　ぐ → いで	書く → 書いて 泳ぐ → 泳いで 예외 行く → 行って
	っ음편 う·つ·る → って	言う → 言って 立つ → 立って 取る → 取って
	ん음편 ぬ·む·ぶ → んで	死ぬ → 死んで 読む → 読んで 遊ぶ → 遊んで
2그룹 동사	마지막 「る」를 떼고 접속	見る → 見て 食べる → 食べて
3그룹 동사	ます형과 같은 형태에 접속	する → して 来る → 来て

⚠️주의 1그룹 예외 동사인 「行く」에 주의하자.

18

V〜ている

「〜ている」는 상태의 진행이나 지속됨을 나타낸다.
앞에 「食べる(먹다)」, 「書く(쓰다)」, 「話す(말하다)」와 같은 동작 동사가 올 경우 ①동작의 진행을 나타내며 '~하고 있다'라고 해석한다. 이와 달리 앞에 「死ぬ(죽다)」, 「割れる(깨지다)」와 같이 사물의 변화를 나타내는 동사가 올 경우에는 ②변화 · 결과의 상태가 지속됨을 나타내며 '~해 있다'라는 의미가 된다.

① 동작의 진행: 食べる → 食べている 먹고 있다

② 변화 · 결과의 상태: 死ぬ → 死んでいる 죽어 있다

〜に似ている

「似る(닮다)」, 「そびえる(우뚝 솟다)」, 「すぐれる(훌륭하다)」와 같은 동사는 항상 「〜ている」의 형태로 사용하여 그 상태를 나타낸다. 또한 일본어로 '~을(~과) 닮다'라고 할 때 조사는 「を」가 아닌 「に」를 사용해야 한다. 하나의 문형으로 기억해 두도록 하자.

・この子は父親に似ている。 이 아이는 부친을 꼭 닮았다.
・Nタワーがそびえている。 N타워가 우뚝 솟아 있다.

V〜てから

동사에 「〜てから」를 붙이면 '~하고 나서'라는 뜻으로 동작의 순서를 나타내는 표현이다.

・コーヒーはショッピングしてから飲みましょう。 커피는 쇼핑하고 나서 마십시다.

・仕事が終わってから遊びに行きましょう。 일이 끝난 다음에 놀러 갑시다.

문법❺ あまり〜ない

부사 「あまり」는 '별로, 그다지'라는 뜻을 가지고 있기 때문에, 뒤에 부정 표현을 함께 사용하는 것이 일반적이다.

- 若者のファッションはあまりよく分かりません。 젊은 사람들의 패션은 별로 잘 모르겠습니다.
- このキムチはあまり辛くありません。 이 김치는 별로 맵지 않습니다.

문법❻ 似てます → 似ています

「似てます」는 「似ています」의 줄임말이다.
줄임말은 회화에서뿐만 아니라 문어체에서도 많이 사용하므로 기억해 두면 좋다.

- 〜ていた → 〜てた
- 〜ではない → 〜じゃない
- 〜てしまう → 〜ちゃう / 〜でしまう → 〜じゃう
- 〜なくてはならない → 〜なくちゃならない
- 〜なければならない → 〜なきゃならない
- 〜というのは → 〜って
- 〜では → 〜じゃ
- 〜ておく → 〜とく
- これは → こりゃ

応用会話

인토네이션 체크 🎧 2-02

あまりよくわかりません。

しんじゅくやしぶやににています。

1　A：よく明洞に来ますか。
　　　　　ミョンドン　き
　　B：いいえ、あまりよく来ません。

2　A：ご主人は誰に似ていますか。
　　　　しゅじん　だれ　に
　　B：キムタクに似ています。

3　A：地下鉄の切符はどうやって買いますか。
　　　　ちかてつ　きっぷ　　　　　　か
　　B：日本と同じように交通カードを使います。
　　　　おな　　こうつう　　　つか

4　A：何を見ていますか。
　　　　なに　み
　　B：あの青い服です。
　　　　あお　ふく

새 단어

ご主人しゅじん 남편분

誰だれ 누구

キムタク [인명] 일본의 유명 배우
　　　　　　　　き むらたく や
　　　　　　木村拓哉의 애칭

地下鉄ちかてつ 지하철

切符きっぷ 표

どうやって 어떻게

同おなじように 똑같은, 똑같게

交通こうつうカード 교통 카드

青あおい 파랗다

練習問題

1 「て」形を使用して 二文章を 하나의 文章으로 바꾸어 보세요.

① おしゃれなカフェに行く。/ コーヒーでも飲みましょうか。

→ _____

② 雰囲気のいいレストランへ行く。/ ワインでも飲んだ方がいいですよ。
　　ふんいき　　　　　　　　　　　　　　　　　　　　　　ほう

→ _____

③ 映画を見る。/ 食事でもしましょうか。

→ _____

④ 電話をする。/ チケットを予約しましょう。

→ _____

2 제시된 동사를 「～ている」로 활용하여 문장을 완성해 보세요.

① あの窓際でパンを _____ 人は誰ですか。(食べる)
　　　まどぎわ

② 駅前で新聞を _____ 人が私の日本語の先生です。(読む)
　　えきまえ

③ めがねを _____ 人が田中さんです。(かける)

④ 日本語を _____ 先生がパク先生です。(教える)
　　　　　　　　　　　　　　　　　　　　　　　　　　　　　おし

3 「～てから」를 사용하여 두 문장을 하나의 문장으로 바꾸어 보세요.

① ショッピングをする。/ コーヒーを飲みましょう。

→ _____

② 買い物をする。 / 食事をしましょう。

→ _____

③ 歯を磨く。 / 買い物に出かけましょう。
　は　みが　　　　　　　　　で

→ _____

④ 約束をする。 / 訪問をしましょう。
　やくそく　　　　ほうもん

→ _____

4 밑줄 친 부분에 알맞은 문장을 넣어 대화를 완성해 보세요.

① **A:** 若者のファッションはよく分かりますか。

　B: いいえ、あまり _____ 。

② **A:** 風邪はひどいですか。
　　　かぜ

　B: いいえ、あまり _____ 。

③ **A:** あの人とは親しいですか。
　　　　　　　　した

　B: いいえ、あまり _____ 。

④ **A:** そのとうがらしは辛いですか。

　B: いいえ、あまり _____ 。

⑤ **A:** 韓国のソウルの土地の値段は安いですか。

　B: いいえ、あまり _____ 。

いつも明るい町、明洞

언제나 활기찬 거리 명동

강남이 발전하기 이전부터 명동은 우리나라 최대의 번화가였다. 지하철 시청역(1·4호선), 을지로입구역(2호선), 명동역(4호선) 등 세 개 역과 가깝고 지하 상점가, 백화점, 호텔, 면세점, 공인 환전소 등 외국인에게 필요한 것은 대부분 있는 곳이다. 명동 중앙로를 중심으로 하는 미로같이 형성된 골목에 자리잡은 각종 패션, 잡화, 화장품, 미용, 음식 관련 상점만 약 3,600여 개에 이른다. 서울 내에서 땅값이 비싼 곳임에도 불구하고 명품 브랜드 상점을 비롯하여 한국 유수의 브랜드 숍들이 즐비해 있는 것은 명동 지점이 앞으로의 유행을 점칠 수 있는 안테나숍(アンテナショップ)의 역할을 할 수 있기 때문이다. 패션에 관심이 있는 일본인 친구와 가게 되면 값싼 노점상에서부터 고급 부티크까지 취향에 따라 다양한 가격으로 최신 유행 아이템을 고를 수 있다. 또한 일본보다 저렴한 가격으로 미용 마사지 서비스를 받을 수 있는 미용숍도 많고, 오랜 세월 명동에서 장사해 온 칼국수, 물만두, 삼계탕 등 먹거리도 풍부하며, 이러한 상점들은 일본어 메뉴판까지 준비된 가게가 많다. 한국관광공사의 집계에 따르면 일본인 관광객의 방문 관광지 중 1위가 명동으로, 일본인의 61%가 한국 방문 시 명동에 들른다고 한다.

최신 유행 패션을 쇼핑한 뒤에는 산책을 겸해 명동성당에 한번 가 보자. 한국에서 가장 오래된 대성당으로 고딕 양식의 중후한 건축물을 감상할 수 있다. 여기에서 발길을 남산 북쪽 기슭으로 옮기면 전국에 흩어져 있던 전통 한옥 5채를 이전·복원하여 조성한 산골 한옥마을이 있다. 이곳에서는 조선시대 한옥과 남산골 전통 정원을 통해 과거로 돌아간 듯한 체험을 할 수 있다.

日本

約束はハチ公の前で、渋谷
약속은 충견 하치코 앞에서, 시부야

일본 젊은이의 패션과 낭만이 뿜어져 나오는 시부야는 JR 야마노테선(山手線)을 비롯하여 7개 철도 노선이 집중된 교차역이다. 하치코 출구(ハチ公口)로 나오면 주인이 죽은 뒤에도 7년이나 주인을 마중하러 나왔다는 이야기로 유명한 충견 하치코(ハチ公)의 동상이 있는데, 이곳은 일종의 만남의 광장으로 약속한 사람을 기다리는 인파로 언제나 북적거린다.

시부야에서 가장 주목을 받는 거리는 시부야 역 앞의 Q-FRONT 빌딩 오른쪽에서 시작되는 센터가(センター街)로, 도쿄에서 10~20대가 가장 많이 모이는 곳으로 알려져 있다. 때문에 109 빌딩이나 대형 백화점 등의 종합 쇼핑몰 외에도 음악 쇼핑몰, 특화된 전문점, 영화관, 라이브 카페 등 젊은 층의 니즈를 만족시키기 위한 감각적이면서 세련된 크고 작은 가게들이 즐비해 있다. 이 외에도 공연, 영화, 갤러리, 쇼핑 등을 한번에 즐길 수 있는 Bunkamura(東急文化村) 등의 종합 문화 시설도 있다.

시부야는 화려한 패션과 세련된 가게들, 젊은이와 외국인들로 늘 북적인다. 특히 하치코 출구 앞에서 센터가로 연결되는 스크램블 사거리(スクランブル交差点)는 2010년대에 들어 월드컵, 핼러윈 파티 등의 행사가 있는 시기에 이를 즐기기 위해 모인 젊은 세대들로 인해 크고 작은 충돌이 잦아졌다. 이 때문에 2019년에 핼러윈이나 연말연시 등의 시기에 시부야역 주변에서 노상 음주를 금지하는 법안이 통과되었다.

Lesson 02 お酒の席で
さけ　せき

🎧 2-03

キム　　じゃあ、乾杯しましょう。
　　　　　　　かんぱい

京子　　あの、韓国語で「かんぱい」は何と言いますか。
　　　　　　　　かんこくご　　　　　　　　　　なん　い

パク　　「コンベ」です。「かんぱい」という意味です。
　　　　　　　　　　　　　　　　　　　　　　　い　み
　　　　漢字は同じですよ。
　　　　かんじ　おな

京子　　へえ、おもしろいですね。

孝夫　　今日はおいしいものを食べたり、いろいろ買い物をしたり
　　　　きょう　　　　　　　　た　　　　　　　かい　もの
　　　　しました。とてもいい日でした。
　　　　　　　　　　　　　　　　　ひ
　　　　キムさん、パクさん、どうもありがとう。

全員　　かんぱい！

孝夫　　あれ、キムさん、何で横を向いて飲むんですか。
　　　　　　　　　　　　なん　よこ　む　　　の

キム　　鈴木さんは年上ですから、少し横を向いて飲みます。
　　　　すずき　　　としうえ　　　　すこ
　　　　韓国の習慣です。
　　　　かんこく　しゅうかん

孝夫　　はあ、そうですか。

京子　　あ、パクさん、どうぞ。

パク　　ありがとうございます。
　　　　でも、韓国では、全部飲んでからつぎます。
　　　　　　　　ぜん ぶ

京子　　そうですか。日本と違いますね。
　　　　　　　　　　に ほん　ちが

お酒さけ	술
席せき	자리
じゃあ＝じゃ	그럼
乾杯かんぱい	건배
～という	~라고 하는
意味いみ	의미
漢字かんじ	한자
～たり、～たり	~하거나 ~하거나
買かい物もの	쇼핑
日ひ	날
あれ	[감탄사] 어, 어라
何なんで	왜, 어째서
横よこ	옆
向むく	향하다
年上としうえ	연상
少すこし	조금
習慣しゅうかん	습관
はあ	[감탄사] 예에
あ	[감탄사] 아
どうぞ	무언가를 권할 때 쓰는 표현
全部ぜんぶ	전부
つぐ	따르다

관용 표현

+ どうもありがとう。 매우 고마워(요).

+ ありがとうございます。 감사합니다. 고맙습니다.

+ どうぞ。 상대방에게 무엇인가를 권할 때 쓰는 말

문법 정리

문법① ～というN

「～という」는 타인의 말을 인용할 때 사용하는 표현으로 '~라고 하다'는 뜻이다. 명사를 수식할 때도 같은 형태로 쓰인다.

・「コンベ」は日本語で「かんぱい」という意味です。　'건배'는 일본어로 「かんぱい」라는 의미입니다.

・日本で「相棒」というドラマを見ました。　일본에서 '파트너'라는 드라마를 봤습니다.
　　　　あいぼう

문법② V～たり、V～たり

「～たり」는 '~하거나 (하다)'라는 뜻이다. 둘 이상의 동작을 나열할 때 사용하는 표현으로 동사의 ～て형에 접속한다.

・今日はおいしいものを食べたり、いろいろ買い物をしたりしました。
　오늘은 맛있는 것을 먹거나, 여러 가지 쇼핑을 하거나 했습니다.

・本を読んだり、手紙を書いたりするひまもありません。
　　　　　　　　てがみ
　책을 읽거나, 편지를 쓰거나 할 짬도 없습니다.

문법③ **Nでした / Nではありませんでした**

명사 평서문 「Nです」의 과거형은 「Nでした(~이었습니다)」이며, 과거 부정형은 「~ではありませんでした(~이 아니었습니다)」이다.

- 今日はとてもいい日でした。 오늘은 아주 좋은 날이었습니다.
- あの人は先生ではありませんでした。 그 사람은 선생님이 아니었습니다.

문법④ **へえ**

へえ는 감탄이나 놀라움을 나타내는 감탄사이다. 감탄사는 회화에서 많이 사용하므로 알아두면 편리하다.

へえ: 감탄, 놀람, 어이없을 때 나오는 소리

- へえ、そうなの。 앗, 그래?

あれ: 어, 어럽쇼, 어머나

- あれ、変だぞ。 어, 이상한데.
  へん
- あれ、どうしたんだろう。 어, 어떻게 된 거지.

あ(あ): 아(무언가를 느꼈을 때)

- ああ、よかった。 아, 다행이다.
- ああ、かわいそうに。 아이고, 가엾게도.

応用会話

🔊 **인토네이션 체크** 🎧 2-04

どうぞ。

ありがとうございます。

1 A : これは、マッコリというお酒です。韓国のどぶろくです。
　　　　　　　　　　　　　　　　　さけ　　　かんこく

　B : へえ、どんな味ですか。
　　　　　　　　　あじ

2 A : 昨日は、何をしましたか。
　　　きのう　なに

　B : 映画を見たり、カラオケに行ったりしました。
　　　えいが　み　　　　　　　　い

3 A : 昨日のドラマ、見ましたか。

　B : はい、見ました。とてもいい話でした。
　　　　　　　　　　　　　　　はなし

4 A : お茶をどうぞ。
　　　ちゃ

　B : どうも。

📖 **새 단어**

どぶろく 탁주　　　　　　　味 あじ 맛　　　　　　　ドラマ 드라마

どんな 어떤　　　　　　　　カラオケ 노래방　　　　どうも 매우, 아주 (감사합니다)

練習問題

1 　보기 와 같이 주어진 단어를 사용하여 문장을 만들어 보세요.

　보기

　　　あの人は先生ではありませんでした。

① 公務員
　こうむいん
　→ _____

② サッカー選手
　　　　　せんしゅ
　→ _____

③ イギリス人
　　　　　じん
　→ _____

④ フランス人

　→ _____

2 　보기 와 같이「～たり」를 사용하여 두 문장을 하나의 문장으로 바꾸어 보세요.

　보기

　　　おいしいものを食べる。 / 買い物をする。
　　　→おいしいものを食べたり、買い物をしたりしました。

① 映画を見る。 / カラオケへ行く。

　→ _____

② マンガを読む。 / ゲームをする。

　→ _____

③ 掃除をする。 / 洗濯をする。
　そうじ　　　　せんたく

　→ _____

④ メールをおくる。 / 手紙を書く。

→ _____

3 보기 와 같이「～という」를 사용하여 대화를 완성해 보세요.

보기

「コンベ」は日本語で「かんぱい」です。 / 意味です。

A: 「コンベ」は日本語で「かんぱい」という意味です。
B: へえ、おもしろいですね。

① これはマッコリです。 / お酒です。

A: _____

B: へえ、どんな味ですか。

② これはメシル酒です。 / 果実酒です。
   しゅ　　　　　　　か じつしゅ

A: _____

B: とても飲みやすいですね。

③ これはこけしです。 / 人形です。
   　　　　　　　　　にんぎょう

A: _____

B: あ、かわいいですね。

とりあえず焼酎!

한국인은 우선 소주부터!

한국 술은 맥주, 소주, 쌀이나 찹쌀로 빚은 청주, 또는 이를 걸러내지 않은 막걸리 등 그 종류가 다양한데, 특히 소주는 고려시대 이후 보급된 한국의 술로 가격이 저렴하면서도 산뜻한 뒷맛으로 한국뿐만 아니라 일본 등 세계 각국에서 사랑받고 있다. 일본인들은 소주에 물을 타서 희석한 후 순하게 마시는 것을 즐기기 때문에 한국인들이 도수가 높은 소주를 스트레이트로 마시는 모습을 보면 놀라기도 하고 부러워(?)하기도 한다. 불고기같은 육류나 양념 맛이 강한 찌개 등의 한국 음식을 먹을 때는 니혼슈보다는 역시 알코올 도수가 높은 소주나 한국 민속주가 어울린다.

최근 한국 주류 시장에는 생맥주나 소주 외에도 발포주, 수제 맥주, 중저가 와인, 각종 막걸리 등 다양한 종류의 술이 유통되고 있으며 이러한 주류는 편의점이나 마트뿐만 아니라 일반 주점에서도 쉽게 맛볼 수 있어 외국인 관광객들의 접근성이 용이하다는 장점이 있다. 일본에는 공짜로 제공되는 기본 안주가 거의 없으므로 주점을 이용할 경우 주문한 안주 이외에 팝콘이나 뻥튀기(ポン菓子) 등의 기본 안주가 제공되는 곳도 많다는 사실을 미리 알려주도록 하자.

또한 각 지방마다 특산품으로 생산되는 전통주가 있는데, 서울의 문배주(ムンベ酒), 당진의 두견주(杜鵑酒), 경주의 교동법주(校洞法酒) 등은 무형문화재로 지정되어 있다. 그 외에도 안동 소주(安東焼酎), 전주 이강주(全州梨薑酒), 한산 소곡주(韓山ソゴク酒) 등 여러 가지 민속주가 있다. 한국에서는 주류법상 알코올류의 온라인 판매가 금지되어 있지만 이러한 전통주는 일반 주류와 달리 온라인 구매가 가능한 것도 있으므로 사전에 조사하여 일본인 친구에게 선물해 보는 것도 좋을 것이다. 이 밖에 일본술과 맛이 비슷한 청하(清河)나 찹쌀과 누룩 그리고 10가지 한약재로 발효시킨 백세주(百歳酒) 등의 편의점이나 마트에서 쉽게 구입이 가능한 전통주도 인기가 있다.

とりあえずビール!

일본인은 우선 맥주부터!

일본에서는 우선 맥주로 건배를 하고 먹는 편이다. 하지만 첫 잔 이후는 대부분 마시는 사람의 취향에 맞춰 술을 주문하는 경우가 많다. 일본의 술집 이자카야(居酒屋)에 가면 맥주, 소주, 양주, 전통주, 칵테일 등의 술과 이와 함께 즐기는 다양한 안주 종류에 놀라고 만다. 독한 술에 익숙하지 않은 일본인들은 도수가 높은 술은 칵테일처럼 얼음이나 냉·온수, 우롱차나 탄산수 등으로 희석해서 마시기도 한다. 전통 일본 요리는 대개 간을 많이 하지 않아 맛이 강하지 않고 부드러우며 재료 본연의 맛이 담백하게 살아 있기 때문에 전통주인 부드러운 니혼슈(日本酒)가 가장 잘 어울린다. 한국의 청주와 비슷한 니혼슈는 여름에는 보통 차게 해서 히야(冷−「お冷」라고 하는 찬물과는 다르다)로 마시고 겨울에는 데워서 아츠캉(熱燗)으로 마신다. 차게 마실 때는 보통 유리컵을 사용하며, 데워서 마실 때는 작은 도자기 술병(德利)에 담아 중탕해서 전용잔(お猪口)

을 사용하여 마신다. 원래 추운 겨울에 몸을 따뜻하게 하기 위해 마시던 아츠캉은 에도시대부터 일반화 되었다고 한다. 니혼슈의 술맛은 톡 쏘는 칼칼한 맛(辛口), 약간 쌉쌀한 맛(やや辛口), 약간 순한 맛(やや甘口), 순한 맛(甘口)으로 표현하므로 표기된 문구를 보고 본인의 취향에 맞는 술을 고를 수 있다는 장점이 있다.

일본에서는 가가미비라키(鏡開き)라고 하여 결혼 피로연이나 축하 행사에서 어른 몸집보다 큰 가마 통의 술(樽酒)을 가져와 나무 망치로 뚜껑을 깨고 그 술을 나눠 마시며 축하를 한다. 가가미비라키는 술을 제조하는 사람들이 술통의 뚜껑을 「鏡」라고 부른 데서 유래했다고 한다.

일본에서는 주류 품평회가 자주 열리며, 각 지역마다 다양한 토속주(地酒)가 생산되고 있다. 특히 쌀의 산지인 니가타(新潟)에는 「加茂錦」 등의 유명한 토속주가 많으므로 기회가 되면 마셔 보도록 하자.

朝鮮時代にタイムスリップ、民俗村
<ruby>朝鮮時代<rt>ちょうせんじだい</rt></ruby>　　　　　　　　　　<ruby>民俗村<rt>みんぞくむら</rt></ruby>

🎧 2-05

キム　ここが民俗村です。
　　　_{みんぞくむら}

　　　朝鮮時代の建物とか生活様式を知ることができます。
　　　_{ちょうせんじだい　たてもの　　せいかつようしき　し}

パク　朝鮮時代の衣食住がそのまま再現してあります。
　　　　　　　　_{いしょくじゅう　　　　　　さいげん}

孝夫　昔にタイムスリップしたみたいですね。あ、あれは何ですか。
_{たかお}　_{むかし}　　　　　　　　　　　　　　　　　　　　　_{なん}

パク　あれはノルティギです。旧暦のお正月の遊びです。
　　　　　　　　　　　　　　_{きゅうれき　しょうがつ　あそ}

　　　若い女性が乗って遊びました。
　　　_{わか　じょせい　の　　あそ}

京子　へえ、おもしろそうですね。
_{きょうこ}

パク　京子さん、一緒にやってみましょう。
　　　_{きょうこ　　いっしょ}

京子　やってみたいですが、今日は歩きすぎて足が痛いですので、
_{きょうこ}　　　　　　　　　　　_{きょう　ある　　　　　あし　いた}

　　　私はいいです。
　　　_{わたし}

朝鮮時代ちょうせんじだい	조선시대
タイムスリップ	시간 여행(타임 슬립. 소설 등에서 시간의 흐름에 역행하여 과거나 미래 세계로 이동하는 것)
民俗村みんぞくむら	민속촌
～とか	~라든가
生活せいかつ	생활
様式ようしき	양식
知しる	알다
～ことができます	~할 수 있습니다
衣食住いしょくじゅう	의식주
そのまま	그대로
再現さいげん	재현
～てあります	~되어 있습니다
～みたいです	~인 것 같습니다
旧暦きゅうれき	음력
お正月しょうがつ	정월, 설
遊あそび	놀이
若わかい	젊다
女性じょせい	여성
乗のる	타다
遊あそぶ	놀다
やる	하다
歩あるく	걷다
～すぎて	너무(지나치게) ~해서
足あし	발, 다리
痛いたい	아프다

📖 관용 표현

✦ へえ、おもしろそうですね。 아, 재미있을 것 같네요.

✦ 一緒にやってみましょう。 함께 해 봐요.　　✦ 私はいいです。 저는 괜찮습니다.

문법 정리

문법① ～とか

「～とか」는 나열 · 열거를 표현하는 조사로, '~라든가, ~라든지'라고 해석한다. 명사나 동사의 기본형에 접속해서 사용한다.

- 朝鮮時代の建物とか生活様式を知ることができます。
  조선시대의 건물이라든가 생활 양식을 알 수 있습니다.

- ケーキとかアイスクリームのような甘いものはあまり好きではありません。
  케이크라든지 아이스크림 같은 단 것은 별로 좋아하지 않습니다.

문법② Vことができる

「～ことができる」는 동사의 기본형에 붙어서 가능의 의미를 나타낸다. 직역하면 '~하는 것이 가능하다', 즉 '~할 수 있다'라는 의미이다. 부정형은 「～ことができません」이다.

- 朝鮮時代の建物とか生活様式を知ることができます。
  조선시대의 건물이라든가 생활 양식을 알 수 있습니다.

- ひらがなは覚えましたが、まだカタカナは読むことができません。
  히라가나는 익혔습니다만, 아직 가타카나는 읽을 수 없습니다.

「～てある(~되어 있다)」는 다음과 같은 특징이 있다.

窓を開ける。 창문을 연다

⋮

窓が開けてある。 창문이 열려 있다.

① 타동사에만 접속한다.

타동사란 앞에 목적어가 오는 동사로 조사「を」와 함께 쓰인다. 「～てある」는 위와 같이 「開ける(열다)」나 「書く(쓰다)」 등의 타동사에만 쓰여 어떠한 '상태'를 나타낸다.

② 대상을 나타내는 조사가 바뀐다.

「～てある」가 접속되면 원래 문장의 조사가 「を」에서 「が」로 바뀐다. 위의 예문과 같이 「開けてある」가 되면 원래 문장의 「窓を」가 「窓が」로 바뀐다.

③ 동작주가 암시된다.

「～てある」는 어떤 대상이 '(어떻게) 되어 있다'는 변화 상태를 나타내는데, 여기서 중요한 것은 반드시 그러한 변화를 가져온 동작주가 암시된다는 사실이다. 즉 위와 같이 「窓が開けてある」라고 했을 때는 단순히 '창문이 열려 있다'는 현상만을 가리키는 게 아니라 '누군가가 창문을 열었다'는 동작주가 존재한다는 사실을 내포하고 있다. 이러한 점에서 단순히 변화 상태만을 나타내는 「～(られ)ている」와 구별된다.

• 朝鮮時代の衣食住がそのまま再現してあります。

조선시대 의식주가 그대로 재현되어 있습니다.

• ホテルの手配はもうしてある。 호텔 수배는 이미 되어 있다.
　　　て はい

동사의 과거형 Vた

동사의 과거형인 た형은 동사의 て형과 접속 형태가 동일하다. 앞서 배운 「～ませんでした」는 동사 정중형의 과거이며 「～た」는 보통형의 과거이다. 동사의 그룹별로 다음과 같이 활용 형태가 달라진다.

동사 종류	활용	활용 예
1그룹 동사	い음편　く → いて / いた ぐ → いで / いで	書く → 書いた 泳ぐ → 泳いだ 예외 行く → 行った
	っ음편　う・つ・る → って / った	言う → 言った 立つ → 立った 取る → 取った
	ん음편　ぬ・む・ぶ → んで / んだ	死ぬ → 死んだ 読む → 読んだ 遊ぶ → 遊んだ
2그룹 동사	마지막 「る」를 떼고 접속	見る → 見た 食べる → 食べた
3그룹 동사	ます형과 같은 형태로 접속	する → した 来る → 来た

⚠주의 1그룹 예외 동사인 「行く(가다)」의 활용에 주의하자.

・昔にタイムスリップしたみたいですね。　옛날로 시간 여행을 온 것 같군요.

・昨日、民俗村に行った。　어제 민속촌에 갔다.

문법❺ **〜みたいだ**

「〜みたいだ」와「〜ようだ」는 '〜인(한) 것 같다'는 뜻으로, 양쪽 다 어떤 사물이나 상황에 대한 비유나 추량을 나타내는 표현이다. 일상 회화에서는「〜みたいだ」를 더 많이 사용하고 문어체나 격식을 차린 장소에서는 주로「〜ようだ」를 사용한다.
명사를 수식할 때는「〜みたいな(〜같은)」, 부사로 사용할 때는「〜みたいに(〜같이)」가 된다.

• 昔にタイムスリップしたみたいですね。 옛날로 시간 여행을 온 것 같군요.

• 鈴木さんは辛いものが好きみたいだ。 스즈키 씨는 매운 것을 좋아하는 것 같다.

문법❻ **Vてみる**

「見る」는 '보다'라는 뜻의 동사이지만, 다른 동사의 て형에 접속해서 '〜해 보다'라는 보조적인 의미를 나타내기도 한다. 이렇게 보조동사로 사용하는 경우에는 한자보다는 히라가나「みる」로 표기하는 것이 일반적이다. 「〜てみる」의 부정형과 과거형의 활용 형태는 동사와 같다.

• 京子さん、一緒にやってみましょう。 교코 씨, 함께 해 봐요.

• 去年、インドに行って、インドカレーを食べてみました。
  <small>きょねん</small>
  작년에 인도에 가서 인도 카레를 먹어 보았습니다.

～すぎる

「過ぎる」는 '지나가다, 통과하다'라는 뜻의 동사이지만, 동사나 형용사와 함께 쓰일 때는 '너무 ~하다, 지나치게 ~하다'라는 뜻이 되며, 부정적인 의미로 사용하는 경우가 많다. い형용사와 な형용사의 경우 어미인 い나 な를 떼고 접속하며, 동사는 ます형에 접속한다.

- 今日は歩きすぎて足が痛いです。 오늘은 너무 많이 걸어서 다리가 아픕니다.

- 食べすぎ、飲みすぎは体によくないです。 과식, 과음은 몸에 좋지 않습니다.

- 昨日見た映画が悲しすぎて泣きました。 어제 본 영화가 너무 슬퍼서 울었습니다.

応用会話

인토네이션 체크 🎧 2-06

いっしょにやってみましょう。

わたしはいいです。

1　A：民俗村では、いろいろな伝統生活を体験することができますよ。
　　　みんぞくむら　　　　　　　　　でんとうせいかつ　たいけん

　　B：うわあ、おもしろそうですね。

2　A：あれは、何ですか。
　　　　　　なん

　　B：伝統結婚式です。ちょっと見てみましょう。
　　　けっこんしき　　　　　　み

3　A：どうしましたか。

　　B：お酒を飲みすぎて頭が痛いです。
　　　さけ　の　　　　あたま　いた

4　A：車の手配はもうしてあります。
　　　くるま　てはい

　　B：どうもありがとう。

 **새 단어**

伝統 でんとう 전통　　　　　結婚式 けっこんしき 결혼식　　　手配 てはい 준비, 수배
体験 たいけん 체험　　　　　頭 あたま 머리

練習問題

1 [보기]와 같이 (　　　) 안의 말을 사용하여 대화를 완성해 보세요.

[보기]

　A: ひらがなを書くことができますか。(ひらがな、書く)
　B: はい、できます。

① A: ＿＿＿＿＿＿＿＿＿＿＿＿＿＿＿ ことができますか。(スンデ、食べる)

　B: はい、＿＿＿＿＿＿＿＿＿＿＿＿。

② A: ＿＿＿＿＿＿＿＿＿＿＿＿＿＿＿ ことができますか。(韓国語、話す)

　B: はい、＿＿＿＿＿＿＿＿＿＿＿＿。

③ A: ＿＿＿＿＿＿＿＿＿＿＿＿＿＿＿ ことができますか。(免税店でキムチ、買う)

　B: はい、＿＿＿＿＿＿＿＿＿＿＿＿。

2 [보기]와 같이「～みたいだ」를 사용하여 두 문장을 하나의 문장으로 바꾸어 보세요.

[보기]

　昔にタイムスリップした。/ みたいだ。
　→ 昔にタイムスリップしたみたいですね。

① まるで英語を聞いている。/ みたいだ。

　→ ＿＿＿＿＿＿＿＿＿＿＿＿＿＿＿＿＿＿＿＿＿＿＿＿＿＿＿＿＿

② まるで子供だ。/ みたいだ。

　→ ＿＿＿＿＿＿＿＿＿＿＿＿＿＿＿＿＿＿＿＿＿＿＿＿＿＿＿＿＿

③ 人生はドラマだ。/ みたいだ。

　→ ＿＿＿＿＿＿＿＿＿＿＿＿＿＿＿＿＿＿＿＿＿＿＿＿＿＿＿＿＿

④ 山田は君のことが好きだ。/ みたいだ。
_{きみ}

→ _____

3 보기 와 같이 「〜てみたい」를 사용하여 문장을 완성해 보세요.

보기

A: ノルティギをやってみましょう。

B: <u>やってみたい</u>ですが、スカートなのでちょっと。

① A: サンナクチを食べてみましょう。

B: _____ですが、動いているのでちょっと。
_{うご}

② A: カジノに行ってみましょう。

B: _____ですが、お金がないのでちょっと。
_{かね}

4 보기 와 같이 「〜てある」를 사용하여 두 문장을 하나의 문장으로 바꾸어 보세요.

보기

壁に地図をはる / あります
_{かべ} _{ち ず}
→ <u>壁に地図がはってあります。</u>

① テーブルの上には花をかざる。/ あります。

→ _____

② 黒板に英語で「thank you」と書く。/ あります。
_{こくばん}

→ _____

③ ホテルの手配をする。/ あるので心配ありません。
_{しんぱい}

→ _____

韓国

朝鮮時代にタイムスリップ! 民俗村

조선시대로 타임 슬립! 민속촌

민속촌은 사라져가는 우리 조상의 전통 생활 모습을 그대로 재현하고 전시한 야외 민속 박물관이다. 한국의 어린이들에게는 우리 조상의 지혜와 지식을 체험할 수 있는 곳이고, 외국인 관광객에게는 한국의 전통 문화를 보고 느낄 수 있는 국제 관광지이다.

약 30만 평이라는 넓은 부지에 전국 각지에서 옮겨온 가옥들과 30년 동안 가꿔온 수목들이 아름드리 둘러싼 곳에 조선 후기 우리 선조들의 의식주 생활이 그대로 재현되어 있다. 민속촌은 해외에서도 인기가 많은 사극의 주 촬영지로 옛 모습을 충실히 재현하고 있기 때문에 조선시대의 실생활을 바로 옆에서 바라볼 수 있다. 처마 밑에 옥수수와 감을 말리고 있는 농가에서부터 엄숙한 관아, 뒷마당에 커다란 장독을 늘어놓은 양반가까지 마치 살아 있는 조선시대로 빠져들 것 같은 느낌이 든다. 또한

한국의 온돌 구조를 궁금해하는 일본인들에게 구들장을 보여줄 수 있는 곳도 있다.

야외 공연장에서는 매일 농악대와 판소리 등의 공연이 있고 전통 혼례식 등 관혼상제 의식이 실제로 진행되기도 한다. 또한 계절별 행사, 농경 행사, 물총 대전 등 다양한 행사를 열고 있으며, 야외 활동이 힘든 겨울을 제외하면 야간 개장을 하기도 하므로 방문하기 전에 미리 행사 일정을 알아두면 도움이 된다.

또한 귀신전이나 전설의 고향 등의 어트랙션을 통해 동자귀신, 우물귀신, 도깨비 등의 한국 문화 속 공포 체험을 해 볼 수 있는 것도 민속촌의 독특한 묘미이다. 민속 장터에 가서 동동주와 파전도 먹고 박물관과 민속관까지 둘러보고 오자면 반나절 이상은 소요된다. 그러니 날씨가 좋은 날로 하루를 잡아 마음껏 즐기고 오자.

明治時代にタイムスリップ! 明治村
메이지시대로 타임 슬립! 메이지무라

나고야 근교 이누야마시 남동쪽에 위치한 테마파크인 메이지무라는 메이지시대(1868~1912)의 건축물을 옮겨 놓은 야외 박물관으로, 미국의 유명한 건축가인 프랭크 L. 라이트에 의해 설계되어 1965년 개관하였다. 처음 이곳에 들어서면 시대별 건물들을 복원해 놓은 풍경이 언뜻 개화기의 일본으로 타임 슬립을 한 듯한 착각을 일으키기도 하지만, 산속에 있어 한적한 시간을 보내며 관광하기에는 더없이 안성맞춤인 장소다. 약 100만 평 넓이의 아름다운 풍경을 자랑하는 구릉지에 메이지시대의 문화와 생활을 보여주는 역사적인 관청, 호텔, 성당, 병원, 학교 등 총 65동의 건물이 복원되어 있다. 메이지무라에 있는 삿포로 전화교환국(札幌電話交換局), 미에현청사(三重県庁舎) 등 여러 건물들은 중요문화재로 지정되어 있는데 실제로 그 시대에 세워져 사용되었던 건축물의 일부 또는 전체

를 옮겨온 것도 있다. 당대의 유명한 소설가인 모리 오가이(森鷗外)나 나쓰메 소세키 저택(夏目漱石住宅)도 엿볼 수 있다. 우리나라에 김소월이나 이상과 같은 문학가의 집이 남아있지 않은 것을 보면, 한국인과 일본인의 역사에 대한 인식과 역사적인 유물을 보존하고 아끼는 노력에 큰 차이를 느끼게 된다.

이곳을 가장 편하고 재미있게 돌아볼 수 있는 방법은 증기 기관차(SL)와 전차(京都市電)를 타고 둘러보는 것인데, 평일과 휴일의 운행 시간이 다를 수 있으므로 미리 알아보도록 하자. 이곳의 증기 기관차는 영국제와 미국제로 일본에서 가장 오랜 역사를 자랑하는 증기 기관차 중의 하나다. 영화 『철도원』의 주인공이 연상되는 복장의 젊은 철도원이 작은 손가방을 메고 직접 티켓을 끊어주는 한국에서는 하기 힘든 체험을 할 수 있다.

新羅の都、慶州
シン ラ　みやこ　キョンジュ

2-07

キム　慶州は千年続いた新羅の都です。町全体が博物館のようですよ。
　　　キョンジュ　せんねんつづ　シン ラ　みやこ　まちぜんたい　はくぶつかん

京子　へえ、楽しみですね。おすすめはどこですか。
　　　　　　たの

パク　石窟庵と仏国寺は世界文化遺産ですから、
　　　ソック ラム　プルグク サ　せ かいぶん か い さん
　　　必ず行ったほうがいいです。
　　　かなら　い

キム　それから、瞻星台や南山にも案内するつもりです。
　　　　　　　　　チョムソン デ　ナムサン　あんない
　　　特に南山はすばらしいところです。
　　　とく

孝夫　そうですか。早く行ってみたいですね。
　　　　　　　　　　はや

◆　　◆　　◆

孝夫　楽しくて、毎日があっという間に過ぎてしまいました。
　　　たの　　　まいにち　　　　　　　　　ま　す

京子　まだ帰りたくないです。
　　　　　かえ

パク　私も、もっと一緒に旅行したかったです。
　　　わたし　　　　　いっしょ　りょこう

キム　今度は日本で会いましょう。
　　　こん ど　にほん　あ

都みやこ	수도
続つづく	계속되다
全体ぜんたい	전체
博物館はくぶつかん	박물관
楽たのしみ	즐거움, 재미, 기대
おすすめ	추천, 추천할 만한 물건 혹은 장소
世界せかい	세계
文化ぶんか	문화
遺産いさん	유산
必かならず	반드시, 꼭
それから	그리고(나서)
つもり	생각, 예정, 계획
特とくに	특히
すばらしい	멋있다, 훌륭하다
ところ	장소, 곳
楽たのしい	재미있다, 즐겁다
毎日まいにち	매일
あっという間ま	눈 깜짝할 사이
過すぎる	지나다
まだ	아직
帰かえる	돌아가(오)다
もっと	더, 좀 더
今度こんど	이번

관용 표현

✦ おすすめはどこですか。 추천할 만한 곳은 어디입니까?

✦ 必ず行ったほうがいいです。 꼭 가는 편이 좋습니다.

✦ 早く行ってみたいですね。 빨리 가 보고 싶네요.

✦ あっという間に過ぎてしまいました。 눈 깜짝할 사이에 지나버렸습니다.

문법 ❶

～ようだ

「～ようだ」는 '~인(한) 것 같다'는 뜻으로, 어떤 사물이나 상황에 대해 말하는 사람이 받은 주관적인 감상이나 추측을 나타낸다. 주로 문어체에서 사용되며, 회화체에서는 같은 의미인 「～みたいだ」가 좀 더 많이 사용된다.

「～ようだ」의 앞에 명사가 올 경우는 명사 뒤에 「の」를 붙여 「～のようだ」의 형태로 접속한다. 또한 な형용사가 앞에 오면 「～なようだ」의 형태로, い형용사나 동사는 종지형에 접속한다.

・まち全体が博物館のようですよ。　거리 전체가 박물관 같아요.

・キムさんはお酒がお好きなようですね。　김○○ 씨는 술을 좋아하시는 것 같군요.

・雨がやんだようですね。　비가 그친 것 같군요.

Vほうがいい

「〜ほうがいい」는 '〜쪽(편)이 좋다'는 뜻으로, 비교나 충고를 표현할 때 사용한다. 한자를 써서 「〜方がいい」로 표기하기도 한다.

「〜方がいい」는 동사의 た형뿐만 아니라 기본형에 접속하는 경우도 있는데, 의미는 같지만 상대방에게 좀 더 강하게 권할 때는 た형 쪽을 더 많이 사용한다.

・石窟庵と仏国寺は世界文化遺産ですから、必ず行ったほうがいいです。
  ソックラム　ブルグクサ
  석굴암과 불국사는 세계문화유산이니까, 반드시 가는 편이 좋습니다.

・飛行機で行くより、汽車で行くほうがいいと思う。
  ひこうき　　　　　　　きしゃ
  비행기로 가는 것보다, 기차로 가는 편이 낫다고 생각한다.

〜つもりだ

「つもり」는 동사의 기본형에 접속해서 '〜할 생각이다, 〜할 예정이다'라는 계획이나 의도를 나타낸다.

・それから、瞻星台や南山にも案内するつもりです。
  チョムソンデ　ナムサン
  그리고나서, 첨성대랑 남산에도 안내할 생각입니다.

・来年、日本に留学するつもりです。 내년에 일본에 유학 갈 예정입니다.
  らいねん　　　りゅうがく

Vてしまう

「しまう」앞에 동사의 て형이 오면 '~(해) 버리다'라는 완료를 나타낸다. 이때 앞에 동작을 나타내는 동사가 오면 어떠한 동작이 끝났음을 뜻하며, 상태 변화를 나타내는 동사가 오면 어떠한 상태에 다다름을 뜻한다. 이 외에도 화자의 예상과는 다른 의외의 결과가 나왔다는 의미를 내포하는 경우도 있다. 회화체에서는 「〜てしまう」가 변형된 「〜ちゃう・〜じゃう」의 형태로 많이 사용한다.

- 楽しくて、毎日があっという間に過ぎてしまいました。
  즐거워서 매일매일이 눈 깜짝할 사이에 지나가 버렸습니다.

- ストレスで２キロもやせてしまった。
  스트레스로 2kg나 살이 빠져 버렸다.

- ２時間はかかると思ったが１時間で終わってしまった。
  2시간은 걸릴 거라고 생각했는데 1시간만에 끝나 버렸다.

応用会話

인토네이션 체크 🎧 2-08

おすすめはどこですか。／

行ったほうがいいです。

1　A：国立慶州博物館にはいろいろなものがありますね。
　　　こくりつキョンジュはくぶつかん

　　B：そうですね。小さな慶州のようですね。
　　　　　　　　　ちい

2　A：これからどこへ行きますか。
　　　　　　　　　　い

　　B：仏国寺へ行くつもりです。
　　　ブルグク サ

3　A：バスが行ってしまいましたね。

　　B：じゃ、次のを待ちましょう。
　　　　　つぎ　　ま

4　A：皇南パンは、慶州の名物ですから、必ず買ったほうがいいです。
　　　ファンナム　　キョンジュ　めいぶつ　　　　　　かなら　か

　　B：そうですか。

새 단어

国立こくりつ 국립	待まつ 기다리다
小ちいさな 작은	名物めいぶつ 명물

練習問題

1 [보기]와 같이「～ほうがいい」를 써서 문장을 바꾸어 보세요.

[보기]

子供の誕生日なので、うちへ早く帰る。

→子供の誕生日なので、うちへ早く帰った方がいいですね。

① 昨日も飲んだので今日は休む。

→ _____

② 数学は難しいのでたくさん勉強する。
　すうがく

→ _____

③ それに関しては先生に言わない。
　　　かん

→ _____

④ 学生の時はタバコはすわない。
　　　とき

→ _____

2 [보기]와 같이 (　　　) 안의 말을 넣어 문장을 완성해 보세요.

[보기]

A: 風邪を引いたらどうしますか。**(家で休む)**
　　　　ひ　　　　　　　　　　　　　　　　　やす

B: 家で休んだ方がいいですね。

① A: パスポートをなくしたらどうしますか。**(交番にとどける)**
　　　　　　　　　　　　　　　　　　　　　　こうばん

B: _____ がいいです。

② A: ホテルは、まだ予約していません。**(早く、予約する)**

B: _____ がいいです。

3 〈보기〉와 같이 (   ) 안의 말을 넣어 문장을 완성해 보세요.

〈보기〉

    A: 韓国旅行はどうでしたか。**(過ぎる、しまう)**

    B: 楽しくて毎日があっという間に<u>過ぎてしまいました</u>。

① **A:** 映画はどうでしたか。**(泣く、しまう)**

    B: 悲しい話で _____

② **A:** 彼女とうまくいっていますか。**(別れる、しまう)**
                                     わか

    B: けんかして _____

③ **A:** 試験はどうでしたか。**(落ちる、しまう)**
          しけん   お

    B: 残念ながら _____
        ざんねん

新羅千年の都、慶州

신라 천년의 고도, 경주

신라 천년의 고도 경주에 도착하면 우선 중심지인 서쪽으로 뻗은 화랑로를 지나 고급 호텔과 레저시설이 갖추어진 보문 관광 단지로 가서 여장을 푼 뒤 시내의 유적, 고분과 박물관을 둘러보자. 경주는 교토처럼 시내 전체가 야외 박물관이나 마찬가지로, 고분이나 고대 유적지 및 불국사의 석굴암 등을 돌아보면 한국 석조 건축의 웅장함과 기품을 느낄 수 있다. 불국사는 폭이 92m나 되는 석축 위에 세워진 절로, 들어가는 입구도 돌계단으로 되어 있고 안에 있는 석가탑, 다보탑도 목조탑이 아닌 석탑이다. 또 석굴암, 첨성대, 고분 및 왕릉 내부도 거의 석조 건축물이다.

또한 불국사 외에도 2000년에 세계문화유산에 등재된 경주역사유적지구의 남산에 올라가 보는 것도 좋다. 표고 468m의 가파른 절벽에 깎아놓은 석불을 비롯해 곳곳에 불교 유적이 많이 남아있다. 절 터, 석불, 석탑 등 불교 관련 유산이 굉장히 많아 하루 동안 다 보기 어려우니 오르기 전에 지도를 확인하고 가도록 하자.

한국의 세계 문화유산

① 해인사 장경판전　　　　　　② 종묘
③ 창덕궁　　　　　　　　　　④ 수원 화성
⑤ 고인돌 유적 (고창, 화순, 강화)
⑥ 경주역사유적지구　　　　　　　　　　　　등

세계 기록유산

① 훈민정음해례본　　　　　② 조선왕조실록
③ 불조직지심체요절 하권　　④ 승정원일기
⑤ 해인사 대장경판(팔만대장경)　⑥ 조선 왕조 의궤
⑦ 동의보감　　　　　　　　　　　　　　등

세계 무형유산

① 종묘 제례 및 종묘 제례악　② 판소리
③ 강릉단오제　　　　　　　④ 관노 가면극
⑤ 강강술래　　　　　　　　⑥ 남사당놀이
⑦ 영산재　　　　　　　　　　　　　　등

千年の都、京都
천년의 수도, 교토

교토는 794년부터 1869년까지 쭉 일본의 수도였다. 정치나 문화 면에서 오랫동안 일본의 중심 역할을 해온 덕분에 일본 3대 축제 중 하나인 기온마쓰리(祇園祭)나 다섯 개 산에서 한자 「火」 모양으로 불을 밝히는 고잔오쿠리비 「五山送り火」 같은 유명한 축제나 연중행사가 많이 있다.

교토에는 1,600여 개가 넘는 절과 200여 개가 넘는 신사가 있지만, 세계문화유산으로 등재된 금각사(金閣寺)와 키요미즈데라(清水寺), 니조성(二条城)은 관광객이 반드시가 보는 곳으로 유명하다. 금각사는 1950년 승려의 방화로 소실되어 5년 후 재건된 것이다. 건물 중 2, 3층이 금박으로 덮여 있어 금각사로 더 많이 알려져 있지만 원래 이름은 로쿠온지(鹿苑寺)이다.

키요미즈데라는 오토와야마(音羽山) 중턱에 자리 잡고 있는데, 1629년 본당 화재 이후 1633년 도쿠가와 이에야스(徳川家康)의 원조로 재건되었다. 키요미즈데라로 올라가는 길은 오르막길이어서 좀 힘들 수도 있지만 주변 주택이 일본 전통 가옥의 형태로 고도의 정취를 짙게 풍기고 있으며 도쿄 아사쿠사처럼 아기자기한 기념품 가게도 많으니 여유롭게 경치를 즐기며 산책하는 기분으로 올라가도록 하자. 키요미즈의 무대(清水の舞台)는 본존십일면관음상(御本尊十一面千手観音)에 절하는 장소로, 못을 하나도 사용하지 않은 78개의 나무 기둥으로 받쳐진 상태로 벼랑 위에 서 있다. 교토 시가지를 한눈에 볼 수 있을 뿐만 아니라 주변의 경관과도 어우러져 절경을 이루고 있어, 이 무대를 보고 있노라면 일본 목조 건축의 견고함과 아름다움에 절로 감탄하게 된다. 내려오기 전에 절 이름의 유래가 된 오토와노타키(音羽の滝)의 샘물(清水)을 마시고 내려오자. 세 줄기로 내려오는 물은 각각 건강운, 학업 증진운, 연애운에 좋다고 한다.

니조성은 1603년 도쿠가와 이에야스가 지은 사저로 교토에 오면 항상 이곳에서 머물렀다고 한다. 당시 백성들의 원성을 피하고자 겉은 소박하게 지어졌지만 내부는 꽤 화려하다. 또한 자객의 침입을 막기 위해 설치한 소리 나는 복도(うぐいすばり)로도 유명하니 그 복도를 까치발로 걸으면 정말 휘파람새(鶯)의 소리가 나는지 직접 걸어 보는 것도 재미있을 것이다.

🎧 2-09

キム	新宿は久しぶりです。町が複雑でいつも迷ってしまいます。
孝夫	新宿は大きな繁華街ですから。都庁やオフィスビルもありますし、高級デパートからディスカウントストアまでいろいろなお店があります。
京子	おいしいお店もたくさんありますよ。そうそう、近くにはコリアンタウンもあります。ところでパクさん、何か買いたいものはありますか。
パク	実は、娘がデジカメをほしがっていますので、買って帰りたいです。あと、日本語の小説がほしいです。
京子	ここは安い家電のお店もたくさんありますよ。
キム	秋葉原と新宿とどちらがいいですか。
孝夫	そうですね、新宿の方が便利でいいかもしれませんよ。あ、そこに大きな書店がありますね。そこに行ってから、カメラを見に行きましょう。

複雑ふくざつだ	복잡하다
迷まよう	헤매다, 망설이다
大おおきな	큰
繁華街はんかがい	번화가
都庁とちょう	도청
オフィスビル	사무실 빌딩
高級こうきゅう	고급
ディスカウント	할인, 디스카운트
ストア	스토어
そうそう	맞아 맞아, 그래 그래
コリアンタウン	코리아타운, 한인 거리
娘むすめ	딸
デジカメ	디지털카메라
ほしがっている	갖고 싶어 하다
あと	나중, 뒤, 또
小説しょうせつ	소설
家電かでん	가전(제품)
秋葉原あきはばら	[지명] 아키하바라
便利べんりだ	편리하다
書店しょてん	서점

관용 표현

✦ 新宿は久しぶりです。 신주쿠는 오래간만입니다.

✦ 秋葉原と新宿とどちらがいいですか。아키하바라와 신주쿠 중에서 어디가 좋습니까?

문법 정리

문법 정리

 ## ～し

「～し」는 '~(하)고, ~(하)고'라는 뜻으로 여러 가지 사항을 나열할 때 쓰인다.
품사별로 접속 형태가 다르니 주의해야 한다. い형용사와 동사는 각각 종지형에 접속하며, 명사와
な형용사는 「～だし」 형태로 사용한다.

· 都庁やオフィスビルもありますし、高級デパートからディスカウントストアまでい
ろいろなお店があります。

도청이랑 사무실 빌딩도 있고, 고급 백화점에서 디스카운트 스토어까지 다양한 가게들이 있습니다.

· キムさんは頭もいいし性格もいい。 김○○ 씨는 머리도 좋고 성격도 좋다.
　　　　　　　せいかく

 ## ほしがる

일본어에서는 인칭에 따라 표현이 달라지는 경우가 있다. '갖고 싶다'라는 표현을 할 때 1인칭이나
2인칭의 경우에는 「ほしい」를 쓰지만, 3인칭인 경우에는 「ほしがる」를 써야 하며 '갖고 싶어 하
다'라고 해석한다. 마찬가지로 '희망'을 나타내는 표현인 「～たい」 역시 3인칭에서는 「～たがる」
가 된다.

1인칭 · 私はデジカメがほしい。 나는 디지털카메라를 갖고 싶다.

2인칭 · 鈴木さん、デジカメがほしいですか。 스즈키 씨, 디지털카메라를 갖고 싶습니까?

3인칭 · 田中さんはデジカメをほしがっている。 다나카 씨는 디지털카메라를 갖고 싶어 한다.

「ほしい」와 「ほしがる」는 다음과 같은 차이가 있다.

① 희망 대상의 표시

「ほしい」에서는 희망하는 대상을 조사 「が(~이/가)」를 사용해 표현하지만 「ほしがる」는 우리말과 같이 「~を(~을/를)」을 사용한다.

② 「ほしい」는 い형용사 활용을 하지만, 「ほしがる」는 동사 활용을 한다.

・娘はデジカメがほしいと言いました。 딸은 디지털카메라를 갖고 싶다고 했습니다.

・田中さんは新しいデジカメをほしがっています。
다나카 씨는 새 디지털카메라를 갖고 싶어하고 있습니다.

문법❸

～と～とどちら～

A와 B, 두 개의 선택지를 주고 어느 쪽이 좋은지 물을 때 사용하는 문형이다. 이에 대한 대답은 「～より～の方が～」와 같이 비교 표현이 주로 사용된다.

・A：秋葉原と新宿とどちらがいいですか。 아키하바라와 신주쿠 중 어느 쪽이 좋습니까?

 B：そうですね、秋葉原より新宿の方が便利でいいかもしれませんよ。
글쎄요. 아키하바라보다 신주쿠 쪽이 편리하고 좋을 지도 몰라요.

・A：肉と魚とどちらが好きですか。 고기와 생선 중 어느 쪽을 좋아합니까?
　　　にく　　さかな
 B：肉より魚の方が好きです。 고기보다 생선 쪽을 좋아합니다.

〜かもしれない

「〜かもしれない」는 말하는 사람의 추측을 나타낸다. '~일(할) 지도 모른다'라고 해석하며 '(그 럴) 가능성이 있다'는 의미를 내포하고 있다. 회화체에서는 「〜かもわからない」의 형태로 쓰이기도 있다.

- 新宿の方が便利でいいかもしれませんよ。　신주쿠 쪽이 편리하고 좋을지도 몰라요.
- 今日は雨が降るかもしれない。　오늘은 비가 내릴지도 모른다.

応用会話

인토네이션 체크 🎧 2-10

しんじゅくはひさしぶりです。

あきはばらとしんじゅくとどちらがいいですか。↗

1 A：昨日は、どこへ行きましたか。
　　　　きのう　　　　　　　　　　い

　 B：新宿にも行ったし、渋谷にも行きました。
　　　　しんじゅく　　　　　しぶや

2 A：どこへ行きますか。

　 B：ディズニーランドへ行きましょう。

　　　息子が行きたがっていますので。
　　　むすこ

▲ ディズニーランド

3 A：寿司とラーメンとどちらが好きですか。
　　　すし　　　　　　　　　　　す

　 B：私は、寿司の方が好きです。
　　　わたし　　　　ほう

4 A：今日は雨が降るかもしれません。
　　　きょう　あめ　ふ

　 B：じゃ、傘を持って行きましょう。
　　　　　かさ　も

새 단어

ディズニーランド 디즈니랜드　　　寿司すし 초밥, 스시　　　降ふる (눈, 비 등이) 내리다

息子むすこ 아들　　　　　　　　　雨あめ 비　　　　　　　傘かさ 우산

練習問題

1 (　　　　) 안의 단어를 넣어 문장을 만들어 보세요.

보기

　　A: 秋葉原と新宿とどちらが便利ですか。

　　B: **(新宿)** 便利でいいかもしれません。

　　→ 新宿の方が便利でいいかもしれません。

① A: ムル冷麺とビビン冷麺とどちらが注文が多いですか。
　　　　れいめん　　　　　　　　　　　ちゅうもん

　　B: 夏は **(ムル冷麺)** 注文が多いかもしれません。

　　→ _____

② A: サッカーと野球とどちらが人気がありますか。
　　　　　　　や きゅう　　　　にん き

　　B: **(野球)** 人気があるかもしれません。

　　→ _____

③ A: スマホとノートパソコンとどちらが安いですか。

　　B: **(ノートパソコン)** 安いかもしれません。

　　→ _____

2 보기 와 같이 3인칭 시점으로 문장을 바꿔 보세요.

보기

　　私はスマホがほしいです。

　　→ 妹 はスマホをほしがっています。
　　　　いもうと

① 私はスポーツカーがほしいです。

　　→ 弟 は _____
　　　　おとうと

64

② 私はブランドバックがほしいです。

→山田さんは _____

③ 私はノートパソコンがほしいです。

→ジョンさんは _____

3 보기 와 같이 「～し」를 사용하여 두 문장을 하나의 문장으로 바꾸어 보세요.

보기

A: ここはにぎやかですね。

B: オフィスビルもあります。/ デパートも多いですから。

→ ええ、オフィスビルもありますし、デパートも多いですから。

① A: この町はいいですね。

B: 交通も便利だ。/ 自然も多いですから。
　　　　　　　　　　し ぜん

→ _____

② A: 金さんはすごいですね。

B: 日本語もできる。/ 中国語もできますから。
　　　　　　　　　　ちゅうごく ご

→ _____

③ A: ここの料理はおいしいですね。

B: 値段も安い。/ おいしいですから、人がいっぱいです。

→ _____

庶民的な町、鐘路

서민적인 거리, 종로

명동이 최신 유행의 거리라면 종로는 강북 최대의 번화가이다. 남녀노소를 불문하고 폭넓은 연령층이 모여드는 곳으로 대학생에서 직장인까지 다양한 세대가 문화를 즐길 수 있는 거리이며 시청과 광화문, 경복궁과 인사동, 명동으로 이어지는 교통의 요지이기도 하다.

종로는 종각역을 기점으로 하는 8차선의 넓은 대로변뿐만 아니라 그 뒷골목까지 패스트푸드점은 물론 카페 및 레스토랑 등이 발 디딜 틈도 없이 빼곡히 들어서 있어 오후부터 활기가 넘치며, 밤이 되면 주점이나 노래방 등의 유흥업소로 네온사인이 꺼지지 않는다. 반면, 종로 3가에서 종각역에 걸쳐 수많은 어학원과 유학원, 대형 서점 등이 자리하고 있기 때문에 어학 공부나 유학 및 취업 준비를 하려는 학생들도 많다는 양면적인 면도 볼 수 있다. 또한 종로 3가 주변에는 크고 작은 영화관이 많이 자리하고 있고, 종로4가 쪽에는 좁은 면적의 금은방들이 밀집해 있어 커플링을 구입하려는 젊은 커플이나 귀중품을 거래하려는 사람들이 많이 찾는다.

주변에 경복궁과 창경궁 등의 조선시대 궁궐과 제례가 치러지는 종묘가 자리하고 있어 외국인들에게는 서울에서 옛 한국을 보고 느낄 수 있는 거리이기도 하다. 또한 종로 북촌에 자리한 한옥마을에서는 옛 정서를 느낄 수 있다. 하지만 북촌에 자리한 한옥들은 관광지가 아닌 민가이기 때문에 한옥 체험을 하고 싶은 일본인 친구가 있다면 이곳에 있는 한옥 펜션 등의 전통 숙소를 소개해 주면 좋을 것이다.

한국을 찾는 관광객들이 많이 찾는 곳 중 하나가 종로와 명동 사이에 자리한 청계천인데, 2005년 복원 사업 이후로 공원으로 재정비되어 도심 내의 휴식 공간으로 인기를 끌고 있다. 청계천로는 주말 및 공휴일에는 차 없는 거리가 되어 각종 문화 행사가 열리기도 하니 행사 일정을 미리 알아보고 방문해 보는 것도 좋다.

강남이나 홍대, 명동이 최신 유행과 함께하는 거리라면 종로는 학업이나 업무, 쇼핑과 유흥, 그리고 문화와 전통까지 다양한 연령층과 다양한 직업군의 서울 시민들의 삶이 그대로 느껴지는 곳이라고 할 수 있다.

大衆文化の町、新宿

대중문화의 거리, 신주쿠

JR 추오선(中央線)을 비롯하여 야마노테선(山手線), 소부선(総武線), 사이쿄선(埼京線)이 지나가며 도쿄메트로의 마루노우치선(丸ノ内線), 도영지하철의 신주쿠선(新宿線), 오에도선(大江戸線) 및 민영 철도인 오다큐선(小田急線), 게이오선(京王線), 관광객이 나리타 공항까지 이용할 수 있는 나리타 익스프레스(成田エクスプレス) 등의 수많은 노선이 집중되어 있는 대형 터미널인 신주쿠역과, 이곳에서 약 400m 거리에 민영 철도인 세이부 신주쿠선(西武新宿線)이 있는 신주쿠 역 부근은 도쿄 교통의 요지이자 일본 대중 유흥 문화의 산지이다. 신주쿠는 크게 세 지역으로 나뉜다. 신주쿠 동쪽(東新宿)은 젊음과 쇼핑의 거리로 유흥과 음식점들의 중심지이고, 신주쿠 서쪽(西新宿)은 도쿄 도청사나 특급 호텔 등 대형 고층 빌딩이 들어서 있는 오피스 거리이다. 그리고 JR선 신주쿠역의 남쪽출구(南口)가 대형백화점의 하나인 다카시마야(高島屋)의 2층과 연결되어 있는 남쪽(南新宿)은 크고 작은 쇼핑몰과 백화점, 대형 서점 등이 즐비한 쇼핑 거리로 많은 이들의 발길이 끊이지 않는다.

신주쿠를 이야기할 때 빼놓을 수 없는 곳이 가부키초(歌舞伎町)를 중심으로 한 일본의 대표적인 환락가 지역으로 불야성이라고도 일컬어진다. 긴자(銀座)나 롯폰기(六本木), 아카사카(赤坂)가 고급 유흥가로 비교적 호주머니 사정이 두둑한 성인 취향이라면, 신주쿠는 개인의 경제 사정에 따라 즐길 수 있는 서민적인 곳이라 할 수 있다. 때문에 일반적인 이자카야부터 젊은 층을 노린 특이한 분위기의 주점까지 다양한 연령층의 시민들이 오고 간다.

한편 신주쿠역에서 도보로 10여 분 거리인 신오쿠보(新大久保)역 부근에는 코리아타운이 발달해 있는데, 한국식 음식점은 물론, 한국 식품을 판매하는 식료품점, PC방 등 많은 가게가 늘어서 있으며 24시간 영업하는 곳도 쉽게 찾을 수 있다. 최근에는 K-Pop과 드라마 붐을 타고 한국의 음반과 책 등을 즐기려는 사람들과, 한국 뷰티 제품에 관심이 많은 젊은 여성층으로 붐비고 있으며, 유행에 민감한 젊은 층에 맞춰 현지에서 유행하는 음식점도 발 빠르게 개점하는 등 볼거리도 더 다양해졌다.

文化とショッピングの町、上野
ぶんか　　　　　　　　　　　　　　　まち　うえの

2-11

キム	上野公園には、博物館や美術館、動物園など、いろいろありましたね。
孝夫	広すぎて、1日では全部見られませんね。
パク	あ、あれは誰の銅像ですか。
京子	西郷隆盛といって、有名な人です。
パク	聞いたことがあります。近代日本を作った人物の一人ですよね。
孝夫	近くにアメ横という大きな商店街があります。食品や服、バッグ、化粧品など、安く買えますよ。そこに行ってから、寿司でも食べに行きましょう。
パク	お寿司は高くないですか。
孝夫	心配しないでください。回転寿司なら一皿百円からありますよ。
キム	それから、お皿の色で、値段が分かりますね。
京子	ええ。それに今日は主人のおごりですから、安心してたくさん食べてください。

上野うえの	[지명] 우에노
公園こうえん	공원
美術館びじゅつかん	미술관
動物園どうぶつえん	동물원
広ひろい	넓다
全部ぜんぶ	전부
銅像どうぞう	동상
西郷隆盛さいごうたかもり	[인명] 사이고 다카모리
聞きく	듣다, 묻다
近代きんだい	근대
作つくる	만들다
人物じんぶつ	인물
一人ひとり	한 사람, 한 명
アメ横よこ	[상점가 이름] 우에노에 있는 대규모 재래시장
商店街しょうてんがい	상점가
食品しょくひん	식품
化粧品けしょうひん	화장품
心配しんぱいする	걱정하다
回転かいてん	회전
皿さら	접시
色いろ	색
おごり	한턱 냄
安心あんしんする	안심하다

관용 표현

✦ 心配しないでください。 걱정하지 마세요.

✦ 今日は主人のおごりですから、たくさん食べてください。 오늘은 남편이 사니까 많이 드세요.

문법 정리

 동사의 가능형

동사의 가능형은 동사의 종류에 따라 다음과 같이 만들어진다.

동사 종류	활용	활용 예
1그룹 동사	마지막 ウ단을 エ단으로 바꾸고 「る」를 붙인다.	買う → 買える 살 수 있다 書く → 書ける 쓸 수 있다 読む → 読める 읽을 수 있다
2그룹 동사	마지막 「る」를 떼고 「られる」를 붙인다.	見る → 見られる 볼 수 있다 食べる → 食べられる 먹을 수 있다
3그룹 동사	불규칙 활용 동사	する → できる 할 수 있다 来る → 来られる 올 수 있다

위와 같이 2그룹 동사와 3그룹 동사 「来る」의 가능형은 「られる」를 붙인 형태인데, 회화체에서는 「られる」의 「ら」가 빠진 「れる」의 형태로 말하는 경우가 많아졌다. 현대 일본어에서 보이는 이러한 가능형의 변화는 「らぬきことば(ら가 빠진 말)」라고 불린다.

・広すぎて、1日では全部見られませんね。 너무 넓어서 하루에는 다 볼 수 없겠네요.

・キムチは免税店でも買えます。 김치는 면세점에서도 살 수 있습니다.

(!)참고 「～られる」는 가능형 이외에도 수동・존경・자발의 용법으로도 사용하니 주의하도록 하자.

・誰かに見られている気がする。
누군가에게 보여지고 있는 기분이 든다.(누군가가 나를 보고있는 것 같다.)

'가능'을 표현할 수 있는 문장의 종류를 알아보자.

일본어 동사를 활용하여 '~할 수 있다'라는 가능의 의미를 표현하는 방법은 다음 두 가지가 있다.

漢字を書く。 한자를 쓰다.
かん じ

① ↙　　　　　　　　　　　 ↘ ②

漢字を書くことができる。　　　　　漢字が書ける。
한자를 쓰는 것이 가능하다.　　　　　한자를 쓸 수 있다.

① 「동사의 기본형 + ことができる」 문형

・スミスさんは漢字を書くことができる。 스미스 씨는 한자를 쓸 수 있다.

・キムさんは三か国語は話すことができる。 김○○ 씨는 3개 국어는 말할 수 있다.
　　　　　　さん　こくご　　はな

② 동사 자체를 가능형으로 바꾸는 경우

이 경우에 주의할 것은 격조사가 변한다는 점이다. 원래의 문장에서 가능한 대상에 붙는 조사 「を」는 동사가 가능형으로 바뀌면 조사도 「が」로 바뀐다. 단, 강조의 의미를 갖는 「は」, 「も」 등은 그대로 사용한다.

・スミスさんは漢字が書ける。 스미스 씨는 한자를 쓸 수 있다.

・キムさんは三か国語は話せる。 김○○ 씨는 3개 국어는 말할 수 있다.

문법❸ **Vたことがある**

「～たことがある」는 주로 동사에 붙어서 '~한 적이 있다'는 경험을 나타낸다. 부정형은 「ある (있다)」 대신 「ない(없다)」를 써서 「～たことがない(~한 적 없다)」가 된다.

・A：上野へ行ったことがありますか。 우에노에 간 적이 있습니까?
　B：いいえ、まだないんです。 아니요, 아직 없습니다.

・そんな話は聞いたことがありません。 그런 이야기는 들은 적이 없습니다.

▲ 上野公園

～なら

「～なら」는 가정형으로 상대방의 발언이나 놓여진 상황을 전제 조건으로 한다는 것이 가장 큰 특징이다. 기본형과 た형(과거형) 양쪽 모두에 접속할 수 있다.

• 回転寿司なら一皿百円からありますよ。 회전초밥이라면 한 접시 백 엔부터 있어요.

• A：風邪をひきました。 감기에 걸렸습니다.

  B：風邪なら早く帰った方がいいです。 감기라면 빨리 돌아가는 편이 좋겠어요.

Vないでください

「～ないでください」는 무언가를 하지 말라고 부탁·지시·명령할 때 사용한다. 동사의 부정형인 ない형과 「～てください」가 접속한 형태로, '~하지 마세요(마십시오)'라고 해석한다.

❗참고 ない형의 접속 방법

동사 종류	활용	활용 예
1그룹 동사	마지막 ウ단을 ア단으로 바꾸고 「ない」를 붙인다. * う로 끝나는 동사는 わ로 바꾸고 「ない」를 붙인다.	買う* 사다 → 買わない 사지 않는다 書く 쓰다 → 書かない 쓰지 않는다 読む 읽다 → 読まない 읽지 않는다
2그룹 동사	마지막 「る」를 떼고 「ない」를 붙인다.	見る 보다 → 見ない 보지 않는다 食べる 먹다 → 食べない 먹지 않는다
3그룹 동사	불규칙 활용 동사	する 하다 → しない 하지 않는다 来る 오다 → 来ない 오지 않는다

• 心配しないでください。 걱정하지 마세요.
 しんぱい

• あぶないですから、ここで泳がないでください。
 위험하니까 여기에서 수영하지 마세요.
 およ

応用会話

인토네이션 체크 🎧 2-12

しゅじんのおごりですから、

しんぱいしないでください。

1 A：駅まで一人で行けますか。
   えき　　ひとり　　い

　 B：はい、大丈夫です。
　　　　　　だいじょう ぶ

2 A：前に、上野公園で花見をしたことがあります。
   まえ　　うえ の こうえん　　はな み

　 B：そうですか。あそこは花見の名所ですよね。
　　　　　　　　　　　　　　　めいしょ

3 A：ごみはどのように捨てますか。
　　　　　　　　　　　　す

　 B：燃えるごみはこちらに捨ててください。
   も

　　 ビニールは燃えないごみですから、燃えるごみと一緒に捨てないで
　　　　　　　　　　　　　　　　　　　　　　　　　いっしょ

　　 ください。

4 A：眼鏡はどこにありますか。
   めがね

　 B：眼鏡なら机の上にありますよ。
　　　　　　　つくえ　うえ

새 단어

駅えき 역	どのように 어떻게	燃もえないごみ 타지 않는 쓰레기
花見はなみ 꽃구경	捨すてる 버리다	眼鏡めがね 안경
名所めいしょ 명소	燃もえるごみ 타는 쓰레기	机つくえ 책상
ごみ 쓰레기	ビニール 비닐	

練習問題

1 보기 와 같이 질문에 답해 보세요.

> 보기
>
> A: 上野へ行ったことがありますか。
>
> B: いいえ、まだありません。 / はい、行ったことがあります。

① A: 海外へ旅行に行ったことがありますか。
かいがい

B: いいえ、まだ＿＿＿＿＿＿＿＿ / はい、＿＿＿＿＿＿＿＿＿＿＿＿

② A: 日本の映画を見たことがありますか。

B: いいえ、まだ＿＿＿＿＿＿＿＿ / はい、＿＿＿＿＿＿＿＿＿＿＿＿

③ A: 納豆を食べたことがありますか。
なっとう

B: いいえ、まだ＿＿＿＿＿＿＿＿ / はい、＿＿＿＿＿＿＿＿＿＿＿＿

2 보기 와 같이 「～てください」를 사용하여 문장을 바꾸어 보세요.

> 보기
>
> 安心してたくさん食べる。
>
> →安心してたくさん食べてください。

① 今週中にホテルを予約する。
こんしゅうちゅう

→＿＿＿＿＿＿＿＿＿＿＿＿＿＿＿＿＿＿＿＿＿＿＿＿＿＿＿＿

② 山田さんに早く連絡する。

→＿＿＿＿＿＿＿＿＿＿＿＿＿＿＿＿＿＿＿＿＿＿＿＿＿＿＿＿

③ 燃えるごみはこちらに捨てる。

→＿＿＿＿＿＿＿＿＿＿＿＿＿＿＿＿＿＿＿＿＿＿＿＿＿＿＿＿

3 보기 와 같이 문장을 바꾸어 보세요.

보기

大人だから、心配する。
おとな
→大人だから、心配しないでください。

① あぶないですから、ここで泳ぐ。

→ _____

② 高いから、タクシーで行く。

→ _____

③ 私も分からないので、聞く。
わ
→ _____

4 보기 와 같이 가능형으로 문장을 바꾸어 보세요.

보기

1日で全部見る。
→ 1日で全部見られる。

① 一人で全部食べる。

→ _____

② これは子供でもする。

→ _____

③ キムチは免税店でも買う。

→ _____

韓国の一万ウォンは世宗大王

한국의 만원은 세종대왕

한국 지폐는 1983년 초상화의 크기를 확대하고 새로운 기술을 도입하는 등 미세한 조정을 거쳐 발행한 이후, 2006년에 당시 위조율이 가장 높았던 오천원권이 교체되면서 현재 통용되고 있는 크기와 색으로 점차 교체 및 정착되었다. 오천원권, 만원권, 오만원권에는 위조 방지를 위해 앞면에 홀로그램이 적용되어 있다.

천원권에는 조선 중기에 활약한 대표적 유학자 퇴계 이황이 그려져 있는데, 이황의 성리학에 대한 이해는 일본에도 큰 영향을 끼쳤다. 이황의 초상화 옆으로는 살아생전 대사성을 지낸 성균관 명륜당과 그가 좋아했다는 매화가, 뒷면에는 수많은 장서가 남아 있는 안동의 도산서원이 그려져 있다. 오천원권에는 조선시대 정치가이자 유학자로 임진왜란을 예견하고 십만 양병설을 국왕에게 진언했던 율곡 이이의 초상화와 그의 생가인 오죽헌이, 뒷면에는 그의 모친인 심사임당이 그린 초충도병의 수박 그림

이 그려져 있다. 만원권의 앞면에는 조선왕조 4대 군주로 한글 창제와 더불어 여러 가지 과학 분야의 업적이 많은 성군 세종대왕의 초상화가, 뒷면에는 당대의 발명품인 천문 관측기 혼천의가 그려져 있다. 오만원권은 2009년에 처음 나온 36년 만에 새로 발행된 화폐이다. 앞면에는 조선시대 여류 문인인 심사임당의 초상화와 초충도병의 가지 그림이, 뒷면에는 월매도와 풍족도가 그려져 있다.

한일 화폐에 등장하는 인물을 보면 일본은 근대 개화기인 19~20세기 인물이 많은 데 비해, 한국은 15~17세기의 임금과 정치가가 주로 등장한다. 양국의 역사 인식이 화폐에도 반영되었다고 볼 수 있을 것이다.

日本の一万円は福沢諭吉

일본의 만엔은 후쿠자와 유키치

일본의 화폐 단위는 엔(円, ￥)이며 일반적으로 통용되고 있는 화폐 종류는 동전이 1, 5, 10, 50, 100, 500엔의 6종, 지폐는 천 엔, 이천 엔, 오천 엔, 만 엔권의 4종이다. 참고로 일본에서는 물건을 살 때 정가에 소비세가 포함되어 있지 않은 경우가 많으며, 이럴 경우 10%의 소비세를 추가로 지불해야 한다. 때문에 지폐로만 계산하면 동전이 한없이 늘어나게 되므로 소비세 용 동전을 넉넉히 가지고 다니도록 하자.

현재 천 엔권의 모델은 노구치 히데요(野口英世)이다. 농민의 아들로 태어나 넉넉지 못한 환경에서 힘들게 의학을 공부한 의사로, 생물학 발전에 많은 업적을 남겼으며 세균학에서 세계적으로 인정받는 학자이다. 이천 엔권 지폐의 앞면에는 인물이 아닌 오키나와의 성문 슈레이몬(守礼門)이 그려져 있으며 뒷면에는 일본 최고의 고전인 겐지모노가타리(源氏物語)의 그림과 저자인 여류 문인 무라사키 시키부(紫式部)가 그려져 있다. 기념 화폐로 알려져 있는 경우가 많은데 법률상 일반적으로 유통되는 통상 화폐이다. 하지만 2004년 이후 제조가 중지된 상태이며, 그 사용량이 현저히 적어 찾아보기가 힘들다. 오천 엔권에는 메이지 시대의 근대문학 사상 걸작을 남기고 24세에 요절한 여류 소설가 히구치 이치요(樋口一葉)가 그려져 있다. 만 엔권에 새겨진 인물은 후쿠자와 유키치(福沢諭吉)로 교육자인데, 그는 일본에서 최초로 체계적인 영어를 공부한 것으로 잘 알려져 있으며 일본 명문 사립대학인 게이오대학의 창설자이자 계몽사상가이다.

일본은 위조 방지를 위해 약 20년에 한 번 지폐 도안을 변경하고 있다. 이에 따라 2019년 4월, 일본 정부는 현재 유통되고 있는 지폐 3종이 2024년에 새롭게 발행될 예정이라는 발표를 했다. 다만 이천 엔권은 사용량의 문제로 신권 발행에서 제외되었다.

食べて遊んで元気になる町、大阪
た　　あそ　　げんき　　　　　まち　おおさか

🎧 2-13

キム　大阪は日本第2の都市ですね。
　　　おおさか　にほんだい　　とし

孝夫　はい、大阪は昔から商業で発展してきました。
　　　　　　　　　　むかし　　しょうぎょう　　はってん

パク　食い倒れの町でも有名だそうですね。
　　　く　だお　　まち　　ゆうめい

京子　ええ、特にここ、道頓堀では、たこ焼きとかお好み焼き、串カツ、
　　　　　　とく　　　　　どうとんぼり　　　　　　や　　　この　　　　　　くし
　　　大阪寿司など、大阪の名物がいろいろ食べられます。
　　　　　ずし　　　　　　　　めいぶつ　　　　　　　た

キム　あ、あそこに大きなカニの看板がありますね。カニを見たら、
　　　　　　　　　　おお　　　　　　かんばん　　　　　　　　　　　み
　　　おなかがすいてきました。あれ、あの人形、動いていますよ。
　　　　　　　　　　　　　　　　　　　　　　にんぎょう　うご

京子　「食い倒れ人形」といって、あれも大阪の名物ですよ。
　　　　　　　　にんぎょう

パク　おもしろいですね。一緒に写真を撮ってもいいですか。
　　　　　　　　　　　　　　いっしょ　しゃしん　と

孝夫　ええ、大丈夫ですよ。私が撮りましょう。じゃあ、笑って。
　　　　　　だいじょうぶ　　　わたし　と　　　　　　　　　　　　わら
　　　はい、チーズ。

大阪おおさか	오사카
第だい〜	제~
都市とし	도시
商業しょうぎょう	상업
発展はってんする	발전하다
食くい倒だおれ	먹고 마시는 데 낭비를 하여 망하는 것
道頓堀どうとんぼり	[지명] 도톤보리
たこ焼やき	다코야키
お好このみ焼やき	오코노미야키
串くしカツ	꼬치 튀김가스, 꼬치에 꿰어 튀긴 생선가스나 돈가스
カニ	게
看板かんばん	간판
おなかがすく	배가 고프다
人形にんぎょう	인형
動うごく	움직이다
写真しゃしん	사진
撮とる	(사진 등을) 찍다
笑わらう	웃다
チーズ	치즈

관용 표현

✦ おなかがすいてきました。배가 고파졌습니다.

✦ 一緒に写真を撮ってもいいですか。함께 사진을 찍어도 됩니까?

✦ 私が撮りましょう。제가 찍지요.

✦ はい、チーズ。자, 치-즈(김-치).

문법 정리

Vてくる

「～てくる」는 다른 동사에 접속하여 '~하고 오다' 또는 '~해 오다'라는 뜻을 나타낸다. 이 밖에도 '~하기 시작하다', 즉 출현이나 개시의 의미로 사용하기도 한다.

- 大阪は昔から商業で発展してきました。 오사카는 옛날부터 상업으로 발전해 왔습니다.
- 昨日、日本に帰ってきました。 어제 일본에 돌아왔습니다.
- 海が見えてきました。 바다가 보이기 시작했습니다.

～そうだ

「～そうだ」는 전문(伝聞)과 양태(様態) 두 가지 의미를 갖고 있는데, 의미에 따라 접속하는 형태가 다르다. 보통체 종지형에 접속하는 경우에는 전문으로 해석된다.
 전문이란 자신이 직접 얻은 정보가 아닌 어딘가에서 '전해 들은 사실'을 나타내는 문형이다. 이때 신문이나 소문 등 얻은 정보의 출처를 밝힐 때는 「～によると(~에 의하면)」나 「～では(~에서는)」를 주로 사용한다.

- あの人は刑事だそうだ。 저 사람은 형사라고 한다.
  けいじ
- 食い倒れの町でも有名だそうですね。 먹고 마시는 데 탕진하는 도시로도 유명하다고 합니다.

～たら

「～たら」를 사용하는 문형에서는 접속 형태에 주의해야 한다.

명사나 な형용사는 「～だったら」형태로, い형용사는 「～かったら」형태로 접속된다. 동사는 음편형에 접속하는데, 어미가 「ぶ, む」인 동사는 「～だら」, 그 외의 동사는 「～たら」를 붙인다. 일반적으로는 보통체로 사용하지만 정중하게 말할 때는 「～でしたら」, 「～ましたら」형태로 사용한다.

「～たら」는 특정적이며 일회적인 조건을 나타내는 표현이다. 앞에 오는 상황이 성립될지 어떨지 모르는 가정 조건, 앞에 오는 상황이 성립된다는 것을 전제로 한 확정 조건을 모두 다 나타낼 수 있다. 따라서 「～たら」는 조건을 나타내는 문형 중 사용할 수 있는 범위가 가장 넓다.

가정조건 雨だったら試合は中止です。
　　　　　　　　　　しあい　　ちゅうし
비가 내리면 시합은 중지하게 됩니다.

확정조건 駅に着いたら友だちが来ていた。
　　　　　　　　つ
역에 도착했더니 친구가 이미 와 있었다.

다른 조건 문형과는 달리 「～たら」는 뒤쪽에 의지·명령·의뢰·권유를 나타내는 표현이 모두 올 수 있다.

의지 この仕事が終わったら、休みたい。　이 일이 끝나면 쉬고 싶다.

명령 この仕事が終わったら、帰れ。　이 일이 끝나면 돌아가.

의뢰 この仕事が終わったら、帰ってください。　이 일이 끝나면 돌아가 주세요.

권유 この仕事が終わったら、一休みしませんか。　이 일이 끝나면 좀 쉬지 않을래요?
　　　　　　　　　　　　　　　　　　ひとやす

Vてもいい

「～てもいい」는 「～ても(~해도)」와 「いい(좋다, 괜찮다)」가 결합한 문형으로 '~해도 좋다(되다)'는 허가의 의미를 나타낸다.

동사의 て형에 접속하기 때문에, 어미가 「ぶ, む」인 동사와 접속될 때는 「～でもいい」로 바뀐다.

• A：一緒に写真を撮ってもいいですか。 함께 사진을 찍어도 됩니까?

　B：ええ、大丈夫ですよ。 네, 괜찮습니다.

• A：この服、ちょっと着てみてもいいですか。 이 옷 좀 입어 봐도 됩니까?
　　　　　　　き

　B：はい、どうぞ。 네, 그러세요.

応用会話

인토네이션 체크 🎧 2-14

いっしょにしゃしんをとってもいいですか。↗

はい、チーズ。

1 A：来週、大阪へ行きます。
　　らいしゅう　おおさか　い

　B：そうですか。
　　　大阪へ行ったら是非たこ焼きを食べてください。
　　　　　　　　　ぜ ひ　　や　　た

2 A：大阪城は豊臣秀吉が建てたそうですね。
　　　じょう　とよとみひでよし　　た

　B：ええ、そうですよ。大阪のシンボルです。

3 A：ここで写真を撮ってもいいですか。
　　　　しゃしん　と

　B：撮ってもいいですが、フラッシュは遠慮してください。
　　　　　　　　　　　　　　　　　　　えんりょ

4 A：昨日、USJ(Universal Studio of Japan)に行ってきました。
　　きのう

　B：どうでしたか。

새 단어

来週らいしゅう　다음주

是非ぜひ　꼭, 반드시

豊臣秀吉とよとみひでよし
[인명] 도요토미 히데요시

建たてる (건물 등을) 세우다, 짓다

シンボル 심볼, 상징

フラッシュ 플래시

遠慮えんりょする 삼가다, 사양하다

練習問題

1 (　　　) 안의 동사를 「〜たら」로 활용하여 문장을 만들어 보세요.

① 大阪へ (行く) 是非たこ焼きを食べてください。

→ _____

② この仕事が (終わる)、休みたい。

→ _____

③ この仕事が (済む)、帰ってください。

→ _____

④ この仕事が (片付く)、一休みしませんか。

→ _____

⑤ カニを (見る)、おなかがすいてきました。

→ _____

2 다음 문장을 우리말로 해석해 보세요.

① 大阪城は豊臣秀吉が建てたそうですね。

→ _____

② あの人は刑事だそうだ。

→ _____

③ 食い倒れの町でも有名だそうですね。

→ _____

④ 東京の物価は高いそうです。

→ _____

3 (　　　) 안의 동사를 사용하여 문장을 만들어 보세요.

① ここで写真を (撮る) てもいいですか。

→ _____

② ここに (入る) てもいいですか。

→ _____

③ この服、ちょっと (着る) てみてもいいですか。

→ _____

④ このお菓子 (食べる) てもいいですか。
　　　かし

→ _____

4 보기 와 같이「〜そうです」를 사용하여 문장을 만들어 보세요.

보기

　　山田さんはLワールドへ行く。
　　→山田さんはLワールドへ行くそうです。

① 大阪は昔から商業で発展してきた。

→ _____

② 日本は物価が高い。

→ _____

③ あの人は先生だ。

→ _____

韓国

韓国の儒教文化

한국의 유교 문화

일본에서 볼 때 한국은 뿌리 깊은 유교의 나라이다. 한국은 다른 나라에서는 쉽게 찾아볼 수 없는 윗사람을 공경하는 충효 사상이 널리 퍼져 있는 곳이다. 그래서 같은 동양권인 일본이라 해도 이러한 유교적 문화는 색다르게 느껴질 것이다. 유교의 영향 중에는 남존여비나 사농공상(士農工商) 등 현대화를 가로막는 요소들도 있지만, 외국인이 보기에 좋은 면도 아직 많이 있다. 예를 들어 버스나 지하철에서 노약자에게 자리를 양보하거나, 식사할 때 손윗사람이 먼저 수저를 들어야 아랫사람이 식사를 한다는 것, 술을 마실 때도 고개를 돌리고 마시고 손윗사람 앞에서 담배를 피우지 않는 것 등은 많은 외국인들이 놀라는 점이다.

문화 콘텐츠의 수출이 많아지면서 드라마를 통해 부모와 자식 간의 관계나 친척 간의 유대 관계가 훨씬 친밀하고, 결혼 문제와 같은 관혼상제에서도 손윗사람의 의견이 많이 존중되는 점 등이 알려지자 이러한 모습이 일본에서는 이미 사라져버린 정서에 대한 향수를 불러일으키기도 한다.

특히 명절이 되면 귀성 행렬(帰省ラッシュ)이 이어지고, 가족과 친척이 모두 모여 조상에 차례를 지내는 모습은 외국에도 잘 알려져 있다. 우리나라의 제사는 원시적 종교의 의미에서 시작되었지만, 현재는 단순한 관례의 형태로 친지들과의 관계 유지 등의 의미가 크며, 종교적인 의미는 매우 약해졌다.

이러한 장유유서(長幼有序)의 전통을 지켜 가는 모습들이 외국인들이 보기에는 아름답고 정겨운 풍경으로 느껴진다고 한다. 우리도 점점 사라져 가는 아름다운 미풍양속을 잘 지켜나가도록 하는 노력이 필요할 것이다.

大阪商人道

오사카 상도

한국에서는 사농공상의 오랜 관념 탓에 상업으로 생계를 꾸리는 사람들은 크게 대접을 못 받고 살아왔지만, 일본의 오사카에서는 상인(商人)에 대한 인식이 완전히 다르다는 것을 체감할 수 있다.

오사카의 상인은 일본이 경제 대국으로 성장하는 상도(商人道)를 만든 주인공이다. 오사카의 상인이 육성된 데에는 도요토미 히데요시의 전국 통일이 큰 역할을 했다. 그는 역대 최대의 성(城)인 오사카성(大阪城)을 짓고, 일왕이 있는 교토를 능가하는 경제권을 오사카에 형성하기 위해 전국 각지의 상인을 오사카에 모아 쌀, 생선, 야채의 3대 시장을 만들고, 이를 통해 오사카를 각종 산물의 집산지로 양성했다. 특히 17세기 쌀 시장을 중심으로 성장한 센바(船場) 상인의 "돈만 남기는 것은 잘한 것이 못 되고, 가게를 남기는 것은 중간이며, 사람을 남기는 것이 가장 잘한 것"이라는 말에서 이들의 상인 정신이 잘 나타나고 있다. 고객이 있는 한 사업은 계속되기에 눈앞의 이익에 연연하지 않고 신용으로 장사를 하는 것이다. 오사카의 상인들은 최소 400년 이상 장사를 해오면서 이러한 나름의 철학과 재력으로 힘을 키웠다. 사농공상의 봉건시대에도 오사카에서만은 상인들이 경제력으로 천하를 주물렀다. 현재 일본의 경제를 이끌어가는 기업들 중 세계 5대 전자회사 가운데 하나인 파나소닉, 일본 맥주 시장을 휩쓰는 아사히, 일본산 위스키의 원조 산토리, 세계 최초의 인스턴트 라면 회사 닛신식품, 고품격 백화점의 대명사 다카시마야 등의 발생지가 바로 오사카이다. 오사카에서 이런 상인도를 느끼고 오게 된다면 기존의 사농공상의 굴레를 벗어나 상도덕을 세워야 하는 우리의 모습을 떠올리게 될 것이다.

Lesson 08 千年の古都、京都
せんねん　こ　と　きょうと

🎧 2-15

パク	ここが金閣寺ですね。うわー、本当に金色できらきら光っていますね。 きんかくじ　　　　ほんとう　きんいろ　　　　ひか
京子	京都には本当にたくさんのお寺があります。 きょうと　　　　　　　　　　てら その中で、ここ金閣寺や清水寺、銀閣寺などは世界文化遺産に なか　　　きんかくじ　きよみずでら　ぎんかくじ　　せかいぶんかいさん 指定されていますよ。 してい
キム	そうですか。ところで金閣寺が金色なら、銀閣寺は銀色ですか。 ぎんいろ
京子	いいえ、銀閣寺は銀色じゃありません。 当時お金がなくて、銀箔を貼ることができませんでした。 とうじ　かね　　　　　ぎんぱく　は
キム	京子さんは京都に詳しいようですね。 きょうこ　　　　　　くわ
孝夫	京子は生まれが京都なんですよ。私たち夫婦は東男に京女なんです。 たか お　　う　　　　　　　　わたし　ふうふ　あずまおとこ　きょうおんな
パク	なるほど。 どうりで孝夫さんは男前で、京子さんはおきれいなわけですね。 たか お　　おとこまえ
京子	あら、おおきに。
パク	えっ？ それはどういう意味ですか。 いみ
京子	京都弁で きょうとべん 「ありがとう」という意味ですよ。
パク	そうですか。 東京の言葉と全然違うんですね。 とうきょう　ことば　ぜんぜんちが

🏫 새 단어

古都 こと	고도, 옛 도시
京都 きょうと	[지명] 교토
金閣寺 きんかくじ	[절 이름] 금각사(킨카쿠지)
金色 きんいろ	금색
きらきら	반짝반짝
光 ひかる	빛나다
お寺 てら	절, 사원
清水寺 きよみずでら	[절 이름] 청수사(키요미즈데라)
銀閣寺 ぎんかくじ	[절 이름] 은각사(긴카쿠지)
指定 していする	지정하다
銀色 ぎんいろ	은색
銀箔 ぎんぱく	은박
貼 はる	붙이다, (금박, 은박으로) 씌우다
詳 くわしい	상세하다, 자세히 알다
生 うまれ	태어난 곳, ~태생
東男 あずまおとこ に 京女 きょうおんな	씩씩한 관동 사나이에 우아한 교토 여인 ('남자는 관동, 여자는 관서'라는 '남남북녀'와 비슷한 상징적인 표현)
なるほど	정말 그렇군(요), 과연, 역시(상대방의 말에 맞장구 치면서)
どうりで	그 때문에, 그래서 그런지
男前 おとこまえ	잘생긴 남자
おおきに	[오사카, 교토 등 간사이 지방 사투리] 감사합니다
どういう	어떤
～弁 べん	~사투리
言葉 ことば	말

📖 관용 표현

✦ 京子さんは京都に詳しいようですね。 교코 씨는 교토에 대해 잘 아시는 것 같네요.

✦ 東男に京女なんです。 관동 사나이에 교토 여인이랍니다.

✦ おおきに。 감사합니다.

문법 정리

 V(ら)れる

일본어로 수동형은 「受身」라고 하며 「〜(ら)れる」의 형태를 하고 있다.
수동형은 동사의 종류에 따라 다음과 같이 만들어진다.

동사 종류	활용	활용 예
1그룹 동사	마지막 ウ단을 ア단으로 바꾸고 「れる」를 붙인다. ＊う로 끝나는 동사는 わ로 바꾸고 「れる」를 붙인다.	買う*→ 買われる 사게 되다 書く → 書かれる 쓰여지다 読む → 読まれる 읽혀지다
2그룹 동사	마지막 「る」를 떼고 「られる」를 붙인다.	食べる → 食べられる 먹게 되다
3그룹 동사	불규칙 활용 동사	する → される 되어지다, 당하다 来る → 来られる 오게 되다

· その中で、ここ金閣寺や清水寺、銀閣寺などは世界文化遺産に指定されていますよ。
　그 중에서 여기 금각사, 청수사, 은각사 등은 세계문화유산으로 지정되어 있어요.

· 子供が犬にかまれた。 어린이가 개에게 물렸다.

수동문

수동형이 사용되는 문장의 종류를 알아보자.

> **능동문** 先生が　学生を　しかる。 선생님이 학생을 야단치다.
>
> **수동문** 学生が　先生に　しかられる。 학생이 선생님에게 야단맞다.

수동문이란 어떤 행위의 영향을 받는 대상의 입장에서 상황을 서술한 것을 말한다. 위의 문장을 예로 들면 선생님이 학생을 야단친 경우, 야단을 치는 선생님(주어)이 아니라, 야단을 맞는 학생(대상)의 입장에서 상황을 표현한 것이다.

이처럼 기본적인 능동·수동문에는 다음과 같은 문장 특징이 있다.

① 능동문의 대상(**学生**)이 수동문의 주어가 된다.

② 능동문의 원래 주어(**先生**)에는 수동문에서 조사 「に」가 붙는다.

③ 능동문의 동사 「しかる」가 수동형 「しかられる」으로 바뀐다.

～に詳しい

「～に詳しい」는 직역하면 '~에 자세하다'는 뜻으로, '~에 대해서 자세히 알고 있다, ~에 정통하다'라는 의미로 사용한다.
같은 뜻으로 우리말에는 '~에 밝다'라는 표현이 있는데, 일본어에서 '밝다'에 해당하는 「明るい」라는 형용사에는 이런 의미가 없으니 주의해야 한다.

· 京子さんは京都に詳しいようですね。 교코 씨는 교토에 대해 잘 아는 것 같네요.

· キムさんは法律に詳しい。 김○○ 씨는 법률에 대해 자세히 알고 있다.

문법④ ~の(ん)だ / ~の(ん)です

「~のだ」문형은 접속 형태에 주의해야 한다. 명사와 な형용사의 경우는 「~なのだ」형태로 접속하고, い형용사나 동사는 종지형에 접속한다. 또한 「~のだ」는 문어체에서 많이 사용하며 회화체에서는 「~んだ」와 같이 「の」가 「ん」으로 바뀐 형태로 많이 사용한다. 정중형은 「~の(ん)です」로 문어체와 회화체 양 쪽 모두에서 많이 쓰인다.
「~の(ん)だ / ~の(ん)です」는 주로 어떤 상황에 대해 그 이유나 원인을 설명하거나, 말하는 사람의 강한 주장이나 의견 또는 결의를 표현할 때 사용한다.

・京子は生まれが京都なんですよ。　교코는 태어난 곳이 교토거든요.

・東京の言葉と京都の言葉は全然違うんですね。　도쿄 말과 오사카 말은 전혀 다르군요.

문법⑤ ~わけだ

「~わけだ」는 대화나 문맥을 통해 논리적으로 끌어낼 수 있는 결론을 서술할 때 사용하는 표현이다. 화제에 대해 설명이나 해설을 하는 경우 또는 변명이나 이유를 말하는 경우에 자주 사용된다.

・どうりで孝夫さんは男前で、京子さんはおきれいなわけですね。
　그래서 그런지 다카오 씨는 잘생겼고, 교코 씨는 예쁜 거군요.

・田中さんは３年間韓国で働いていたから、韓国の事情にかなり詳しいわけだ。
　다나카 씨는 3년간 한국에서 일했기 때문에 한국 사정에 아주 밝은 것이다.

応用会話

인토네이션 체크 🎧 2-16

きょうこさんはきょうとにくわしいようですね。

おおきに。

1 A : 清水寺の舞台は有名ですね。
きよみずでら　ぶたい　ゆうめい

B : 「清水の舞台から飛び降りる」という言葉で
と　お　ことば

知られていますね。
し

▲ 清水寺

2 A : 絵馬に願い事を書いたら、願いがかなうんですよ。
えま　ねが　ごと　か

B : 本当ですか。じゃ、私も、書いてみます。
ほんとう　わたし

3 A : 京都は漬物がおいしいですよ。
きょうと　つけもの

B : へえ、佐藤さんは食べ物に詳しいですね。
さとう　た　もの　くわ

4 A : 私は、日本語を6年間勉強しました。
にほんご　ろくねんかんべんきょう

B : どうりでお上手なわけですね。
じょうず

새 단어

舞台ぶたい 무대

飛とび降おりる 뛰어내리다

願ねがい事ごと 소원, 바람

書かく 쓰다

絵馬えま 발원이나 소원이 이루어진
사례로 말 대신에 신사(神
社)나 절에 봉납하는 말 그
림이 그려진 액자

かなう (소원, 바람 등이) 이루어지다

漬物つけもの 절임 음식

勉強べんきょう 공부

上手じょうずだ 잘하다, 능숙하다

練習問題

1　(　　　) 안의 동사를 수동형으로 바꾸어 문장을 만들어 보세요.

① 「清水の舞台から飛び降りる」という言葉で (**知る**) ていますね。

→ _____

② この歌は多くの韓国人に (**愛する**) ています。
　　　　　　　　　　　　あい

→ _____

③ 山田さんは先生に (**叱る**) ました。
　　　　　　　　　　しか

→ _____

④ 私が作った作品を先生に (**ほめる**) ました。
　　　　　さくひん

→ _____

2　보기 와 같이 「なん, ん」 중 맞는 쪽에 표시하세요.

보기

　　　私たち夫婦は東男に京女 (なん / ん) です

① 絵馬に願い事を書いたら、願いがかなう (なん / ん) ですよ。

② 京子は生まれが京都 (なん / ん) ですよ。

③ 東京の言葉と京都の言葉は全然違う (なん / ん) ですね。

④ どうしても日本の大学に行きたい (なん / ん) です。

3 ( ) 안의 단어를 사용하여 문장을 완성해 보세요.

① 山田さんは日本語を6年間勉強しましたから、やっぱり日本語が (お上手だ、わけ)
ですね。

→ _____

② どうりで孝夫さんは男前で、京子さんは (おきれいだ、わけ) ですね。

→ _____

③ 田中さんは3年間韓国で働いていたから、韓国の事情にかなり (詳しい、わけ)
ですね。

→ _____

④ 旅行に慣れていないから、失敗も (多い、わけ) です。
　　　　　　な　　　　　　　　　　しっぱい

→ _____

4 보기 와 같이 「～に詳しい」를 사용하여 문장을 만들어 보세요.

보기

ヤンさん / 食べ物 　　→ ヤンさんは食べ物に詳しいです。

① 田中さん / 韓国の歴史
　　　　　　　　れき　し

→ _____

② 松田さん / スポーツ
　　まつ だ

→ _____

③ キムさん / 日本の法律

→ _____

伝統文化を楽しむ韓国の祭り

전통문화를 즐기는 한국의 축제

다른 나라를 여행하면서 그 나라의 전통문화를 접할 수 있는 기회가 있다면, 관광만을 하고 오는 것보다 훨씬 좋은 경험이 될 것이다. 한국에는 전통문화 관련 행사가 많으므로, 외국 친구들이 왔을 때 가 볼 만한 한국의 문화 축제를 소개해보자.

우선 서울에는 인사동 전통문화 축제(仁寺洞伝統文化祝祭)를 들 수 있고, 이 외에도 축제는 아니지만 유네스코 세계무형유산으로 선정된 종묘제례(宗廟祭禮)도 꼭 한 번 볼 만하다. 종묘제례는 500년 전통을 이어온 장엄한 국가 제사이다. 종묘는 조선시대 역대 왕과 왕비, 그리고 국가 발전에 공헌한 문무 대신들의 신주를 모셔 놓은 사당으로, 이들의 영혼이 안식하고 있다고 여겨진다. 매년 5월 첫 번째 일요일에 이곳 종묘에서 이 조상들을 기리는 종묘제례와 종묘제례악이 열린다. 종묘 제례악은 한국 무형문화제 1호 및 세계무형유산으로 지정되어 있다. 종묘제례 때는 어가행렬을 보는 것도 큰 즐거움 중의 하나이다. 어가 행렬은 말 그대로 임금의 가마 행렬을 뜻하는데, 조선시대의 행렬을 고스란히 재현하여 약 1,000명이 넘는 사람이 관복을 입고 종로 거리를 행진한다. 시기가 맞으면 외국인 관광객들에게 이보다 값진 한국 문화 체험은 없을 것이다.

또한 매년 5월 부처님 오신 날에는 종로에서 연등행사가 있다. 한국 불교를 대표하는 조계종의 총본산인 조계사를 중심으로 인근 지역인 안국~종로 일대에 형형색색의 연등 장식이 걸리며, 전국 각지에서 등불을 든 사람들이 행진하는 연등 행렬을 볼 수 있다. 이 연등회는 2020년에 세계무형유산으로 등재되었다.

이 외에도 강릉 단오제, 남사당놀이 등 각 지방별로, 각 기관별로 개최되는 행사도 많이 있으므로 이러한 축제에 참여하여 재미와 감동을 받고 돌아간다면 그냥 구경하고 쇼핑만 하는 관광보다 훨씬 의미 있는 추억이 될 것이다.

お祭り天国、日本

축제의 천국, 일본

일본에는 대형 마쓰리건, 동네의 조그만 마쓰리건, 방방곡곡 어디든지 그 고장만의 마쓰리가 있다. 각 지역마다 독특한 전통과 풍습이 담겨있는 마쓰리는 원래는 조상과 신에게 풍작과 건강을 비는 종교적인 목적에서 생겨났지만, 현재는 모든 사람들이 참여할 수 있는 대중적인 축제가 되었다.

마쓰리의 기본적인 형식은 정해진 날에 신(神)이 사전(社殿)에서 나와 신위(神位)를 모시는 가마(神輿)에 옮겨 타 그 가마가 임시 안치하는 곳(御旅所)까지 행차했다가 다시 안치된 장소로 돌아가는 것이다. 이때 동부 지방에서는 가마를 주로 사용하고 서부 지역에서는 수레(山車)를 이용하기도 하는데, 그 가마나 수레의 크기가 굉장히 크고 화려해서 수십 명이 같이 들어야 하는 것도 있다. 그러다 보니 가마를 메는 남자들의 역동적인 움직임은 대단

한 에너지를 느끼게 한다. 미코시 앞뒤로는 화려한 행렬이 무리 지어 따라가며, 경우에 따라 그 지방만의 민속춤인 봉오도리(盆踊り)를 추는 등의 볼거리를 제공한다. 이러한 마쓰리 행사 준비에는 많은 기간과 노력이 필요하기 때문에 마쓰리를 준비하는 사람들은 오랜 시간 동안 함께 땀 흘리는 과정을 통하여 자연스레 일본 특유의 지역 단위 공동체 의식과 협동 정신을 갖게 된다. 유명한 마쓰리로는 일본의 3대 마쓰리에 속하는 도쿄의 간다마쓰리(神田祭), 오사카의 덴진마쓰리(天神祭), 교토의 기온마쓰리(祇園祭) 등이 있다.

이 외에도 여름이 되면 밤하늘을 수놓는 불꽃놀이 대회(花火大会)가 전국 각지에서 열리니 시기가 맞으면 에도 시대부터 이어지고 있는 전통 깊은 불꽃놀이를 즐겨보도록 하자.

日本の名湯、別府温泉
めいとう　　べっ ぷ おんせん

🎧 2-17

京子　別府は日本を代表する温泉で、とても規模が大きいんですよ。
　　　べっぷ　にほん　だいひょう　　おんせん　　　　　き ぼ　おお

パク　とても楽しみです。中でも、いろいろな色の温泉を見る、
　　　　　　　たの　　　なか　　　　　　　　　いろ　　　み

　　　地獄めぐりが有名だそうですね。
　　　じごく　　　　　ゆうめい

キム　地獄めぐりって、なんだか怖そうな名前ですね。
　　　じごく　　　　　　　　　こわ　　　なまえ

孝夫　そうですね。

　　　でも、自然の力のすごさを感じることができますよ。
　　　　　　しぜん　ちから　　　　　かん

パク　私は、温泉は初めてなんですが、どうやって入ればいいですか。
　　　わたし　　　　　　はじ　　　　　　　　　　　　はい

孝夫　まず体を洗ってから、湯船に入ります。
　　　　　からだ　あら　　　　　ゆ ぶね　はい

　　　入る前に、かけ湯をすると体に負担が無いですよ。
　　　　まえ　　　　　　　　　ふ たん　な

京子　　それから、お風呂から上がる時は、水で体を洗い流さないように
　　　　してください。流すと温泉の効き目が無くなります。

パク　　そうですか。楽しみになってきました。
　　　　温泉でもあかすりサービスがありますか。

孝夫　　あかすりサービスはありませんが、マッサージならしてもらえます。

京子　　あかすりができなくても、私がお風呂で背中を流してあげますよ。

새 단어

名湯めいとう	유명 온천, 이름난 온천
別府べっぷ	[지명] 벳푸
代表だいひょうする	대표하다
規模きぼ	규모
大おおきい	크다
地獄じごくめぐり	지옥순례 (뜨거운 온천물을 '지옥'에 비유하여 붙여진 이름의 온천을 차례차례로 도는 것)
なんだか	뭔가, 어쩐지
怖こわい	무섭다
自然しぜん	자연
力ちから	힘
すごさ	위대함, 대단함
感かんじる	느끼다
まず	먼저, 우선
体からだ	몸
洗あらう	씻다, 닦다
湯船ゆぶね	욕조, 욕탕
かけ湯ゆ	탕에 들어가기 전에 몸에 물을 끼얹는 것
負担ふたん	부담

無ない	없다
お風呂ふろ	목욕탕, 욕실
上あがる	오르다, (목욕)탕에서 나오다
時とき	시, 때
水みず	물
洗あらい流ながす	닦아 내다, (물로) 씻어내다
流ながす	흘리다
効ききき目め	효과
あかすり	세신, 때밀이
サービス	서비스
～てもらえます	~(해) 받을 수 있습니다
背中せなか	등
～てあげます	~해 주겠습니다

📖 관용 표현

✦ とても楽しみです。 매우 기대됩니다.

✦ 温泉は初めてなんですが、どうやって入ればいいですか。
　온천은 처음인데요, 어떻게 들어가면 좋을까요?

✦ 楽しみになってきました。 점점 기대되기 시작했어요.

문법 정리

문법① Aさ

い형용사의 어미 「い」를 떼고 「さ」를 붙이면 명사가 된다.

・でも、自然の力のすごさを感じることができますよ。
그렇지만 자연의 힘의 위대함을 느낄 수 있어요.

・永宗大橋の長さは4,420メートルです。 영종대교의 길이는 4,420미터입니다.

문법② ～ば

「～ば」는 '~하면'이라는 가정이나 조건을 나타낸다. 명사와 な형용사는 「～ならば」 형태로, い 형용사는 어미 「い」를 떼고 「ければ」를 붙인 형태로 사용한다. 동사는 다음과 같이 동사의 종류 에 따라 접속 방법이 다르다.

동사 종류	활용	활용 예
1그룹 동사	ウ단을 エ단으로 바꾸고 「ば」를 붙인다.	書く → 書けば 読む → 読めば 入る → 入れば
2그룹 동사	ます형에 「～れば」를 붙인다.	見る → 見れば 食べる → 食べれば
3그룹 동사	불규칙 활용 동사	する → すれば 来る → 来れば

・私は、温泉は初めてなんですが、どうやって入ればいいですか。
저는 온천은 처음인데요, 어떻게 들어가면 됩니까?

・春が来れば、桜の花が咲く。 봄이 오면 벚꽃이 핀다.

～ようにする

「～ようにする」는 「～ように(~하도록)」와 동사 「する(하다)」가 결합한 문형으로 어떤 것을 이루기 위한 노력·의지를 표현할 때 사용한다. 동사의 기본형에 접속하며 '~하도록 하다'라고 해석한다. 부정형은 동사의 ない형에 접속하며 '~하지 않도록 하다'라고 해석한다.

- それから、お風呂から上がるときは、水で体を洗い流さないようにしてください。
  그리고 나서 탕에서 나올 때는 물로 몸을 씻지 않도록 하세요.

- 集合時間を守るようにしてください。 집합 시간을 지키도록 해주세요.
  しゅうごう じ かん　　まも

～てもらう

「～てもらう」는 동사의 て형에 「もらう(받다)」가 결합한 문형으로, '(누구누구에게) ~해 받다'라는 의미이다. 이 표현은 일본어에서는 매우 자주 쓰이는 문형이지만 한국어로 직역하면 문법에 맞지 않기 때문에 틀리기 쉬운 표현이니 잘 기억해 두자. 해석할 때는 '(~가 나에게) ~해 주다'로 의역하면 자연스럽다.
　'~해 받을 수 있다, ~해 줄 수 있다'는 뜻의 가능 표현은 「～てもらえる」가 되며, 좀 더 정중한 표현은 「～ていただく」를 사용한다.

- あかすりサービスはありませんが、マッサージならしてもらえます。
  세신 서비스는 없습니다만, 마사지라면 해 받을 수 있습니다. → 마사지라면 서비스 받을 수 있습니다.

- 私は日本人に日本語を教えてもらった。
  おし
  나는 일본인에게 일본어를 가르쳐 받았다 → 일본인이 나에게 일본어를 가르쳐 주었다.

～てあげる

「～てあげる」는 동사의 て형에 「あげる(주다)」가 결합한 문형으로, '(누구누구에게) ~해 주다'는 의미이다.

「～てあげる」는 내가 상대방을 위해 일부러 시간을 내서 '~해 준다'라는 자신이 했음을 강조하는 뉘앙스이므로, 대등하거나 친근한 관계가 아니면 실례가 될 수도 있으므로 주의가 필요하다.

또한 「～てあげる」는 말하는 사람이 다른 사람에게, 또는 다른 사람이 제삼자에게 어떤 것을 해주었을 때만 쓰이고, 다른 사람이 화자를 위해 어떤 것을 해 주었을 때는 「～てくれる(~해 주다)」라는 전혀 다른 표현을 사용해야 하므로 구분해서 기억해야 한다.

・あかすりができなくても、私がお風呂で背中を流してあげますよ。
　세신 서비스는 받을 수 없어도, 제가 목욕탕에서 등을 밀어 줄게요.

・韓国語なら、私が教えてあげます。 한국어라면, 제가 가르쳐 줄게요.

あげる・くれる・もらう

「あげる(주다)」, 「くれる(주다)」, 「もらう(받다)」는 주고받는 행위를 나타내는 동사로, 이를 『수수(授受) 동사』라고 한다.

「あげる」・「くれる」: '주다' – 누가 누구에게 주는가에 따라 구별

> **あげる**　나 → 다른 사람 / 제삼자 → 제삼자
>
> **くれる**　다른 사람 → 나(또는 내가 속한 그룹)

즉, 내가 듣는 사람이나 제삼자에게 무언가를 주는 것, 또는 제삼자끼리 물건을 주는 것은 「あげる」를 사용하고, 반대로 듣는 사람이나 제삼자가 나에게 무언가를 주는 것은 「くれる」를 사용한다.

나 → 다른 사람　私(私の妹)は田中さんにチョコをあげた/~~くれた~~。
나(내 여동생)는 다나카 씨에게 초콜릿을 주었다.

제삼자 → 제삼자　田中さんは 金さんにチョコをあげた/くれた。
다나카 씨는 김○○ 씨에게 초콜릿을 주었다.

다른 사람 → 나　田中さんは 私(私の妹)にチョコをくれた/~~あげた~~。
다나카 씨는 나(내 여동생)에게 초콜릿을 주었다.

「私の妹(내 여동생)」와 같이 「私の(나의)」를 사용하여 말하는 사람에게 있어 같은 그룹으로 인식되는 경우와 제삼자라도 자기와 가깝게 느끼는 경우에는 「くれる」를 사용한다.

「もらう」: '받다' – 받는 사람의 입장에서 서술

> 田中さんは私にチョコをくれた。 다나카 씨는 나에게 초콜릿을 주었다.
>
> 私は田中さんにチョコをもらった。 나는 다나카 씨에게 초콜릿을 받았다.

!참고 「もらう」는 받는 사람의 입장에서 서술하는 것이므로 제삼자끼리 주고받는 경우에도 「もらう」를 써서 표현할 수 있다.

> 田中さんは金さんにチョコをあげた。 다나카 씨는 김○○ 씨에게 초콜릿을 주었다.
>
> 金さんは田中さんにチョコをもらった。 김○○ 씨는 다나카 씨에게 초콜릿을 받았다.

「あげる(주다)」를 「さしあげる(드리다)」로, 「くれる(주다)」를 「くださる(주시다)」로, 「もらう(받다)」를 「いただく(받다)」로 바꾸면 각각 존경·겸양 표현이 된다. 이 때에도 위에서 언급한 시점의 제약은 그대로 적용된다.

나 → 다른 사람 (겸양) 私は先生にチョコをさしあげました(← あげました)。
나는 선생님께 초콜릿을 드렸습니다.

다른 사람 → 나 (존경) 先生は私にチョコをくださいました(← くれました)。
선생님은 나에게 초콜릿을 주었습니다.

받는 사람을 주어로 (겸양) 私は先生にチョコをいただきました(← もらいました)。
나는 선생님께 초콜릿을 받았습니다.

V前に

「前」는 공간적인 의미로 사용할 때는 '앞'으로, 시간적인 의미로 사용할 때는 '전'으로 해석한다.
동사의 기본형에 접속한 「～前に」는 '~하기 전에'라는 시점을 나타내는 표현이다.

- 入る前に、かけ湯をすると体に負担が無いですよ。
  들어가기 전에 물을 끼얹으면 몸에 부담이 없어요.

- 湯船に入る前に、体をきれいに洗いましょう。
  욕조에 들어가기 전에 몸을 깨끗이 씻읍시다.

応用会話

인토네이션 체크 🎧 2-18

とてもたのしみです。

せなかをながしてあげますよ。

1　A：タオルは湯船の中に入れないようにしてください。
　　　　　　　ゆぶね　なか　い

　　B：はい、分かりました。
　　　　　　　わ

2　A：そこのおしょうゆを取ってもらえますか。
　　　　　　　　　　　　と

　　B：はい、どうぞ。

3　A：露天風呂に行ってみたいです。
　　　　ろてんぶろ　い

　　B：じゃ、私が案内してあげますよ。
　　　　　わたし　あんない

　　　　一緒に行きましょう。
　　　　いっしょ

4　A：浴衣はどうやって着ればいいですか。
　　　　ゆかた　　　　　　き

　　B：私が教えてあげますよ。
　　　　　おし

새 단어

タオル 수건	(お)しょうゆ 간장	浴衣ゆかた 목욕을 한 뒤, 또는 여름철에 입는 무명 홑옷
入いれる 넣다	取とる 집다, 취하다	
分わかる 알다, 이해하다	露天風呂ろてんぶろ 노천탕	着きる 입다

練習問題

1 (　　　) 안의 단어를 사용하여 문장을 완성해 보세요.

> **보기**
>
> 一日に2時間は日本語を (**勉強する**)。
> → 一日に2時間は日本語を勉強するようにしてください。

① 集合時間を (**守る**)。

　　→ 集合時間を _____

② 約束に (**遅れない**)。
　　　　　おく

　　→ 約束に _____

③ 毎朝1時間軽い運動を (**する**)。
　　　　　　かる

　　→ 毎朝1時間軽い運動を _____

2 (　　　) 안의 동사를 사용하여 문장을 완성해 보세요.

> **보기**
>
> そこのおしょうゆ (**取る、もらえる**)。
> → そこのおしょうゆを取ってもらえますか。

① 水泳なら私が (**教える、あげる**) ますよ。
　　すいえい

　　→ _____

② 友だちの誕生日に花を (**買う、あげる**) ました。
　　　　　たんじょう び

　　→ _____

③ 誰に日本語を (**教える、もらう**) ましたか。

　　→ _____

3 「～ば」를 활용하여 가정형 문장으로 바꾸어 보세요.

> **보기**
>
> 浴衣はどうやって (**着る**) いいですか。
> → 浴衣はどうやって着れば、いいですか。

① 春が (**来る**) 桜の花が咲く。

→ _____

② 雨が (**降る**) ピクニックは中止です。
　　　　　　　　　　　　ちゅう し

→ _____

③ 年を (**とる**) 体が弱くなる。
　 とし　　　　　 よわ

→ _____

垢すりでつるつるお肌に!

세신으로 매끈매끈한 피부!

한국 목욕탕의 특징은 눈치 보지 않고 마음껏 목욕을 즐긴다는 점에 있다. 혼자 조용히 씻고 나오는 일본 대중 목욕탕에 비해 모르는 사람끼리 등도 밀어주고 하고 싶은 대로 마음껏 목욕을 만끽하고 나올 수 있다.

한국에서는 중요한 일이 있는 날에 아침 일찍 목욕하고 깨끗이 한 다음 일을 보러 나가는 사람이 많은 반면, 일본은 모든 일을 끝내고 하루의 피로를 푸는 곳이 목욕탕이다. 그래서 한국의 목욕탕은 이른 새벽부터 문을 열고 저녁 즈음에는 문을 닫는 곳이 많은 데 비해, 일본은 오후에 문을 열고 저녁 늦게까지 영업을 하는 곳이 많다.

일본 관광객에게 인기 있는 전통 한국식 사우나인 한증막(汗烝幕)은 600년 이상 전에 왕실에서 그 역사가 시작되었으며, 일반 서민들 역시 100여 년 전에는 한증막을 즐겼다고 한다. 황토로 만든 돔형의 가마에 소나무 장작

을 때서 그 열기와 연기가 황토벽을 통과하는 구조로, 이 때 나오는 원적외선으로 인해 땀과 함께 몸의 노폐물이 빠지고 신진대사를 활발히 해주는 효능이 있다. 단, 뜨거운 한증막에 들어가기 전에는 식사와 수분을 충분히 섭취하는 것이 좋다고 한다. 다양한 종류의 온찜질이나 냉찜질, 세신 서비스, 미용 서비스는 물론이며 각종 먹거리를 즐길 수 있는 편의 시설부터 편하게 쉬거나 잠을 잘 수 있는 휴식 공간까지 제공되기 때문에 배낭여행을 온 관광객에게 추천해 보는 것도 좋다.

그리고 한국의 온천 지역에 있는 여러 가지 약탕을 구비한 대형 온천 레저시설은 수영복을 입고 들어가는 곳이 많은데, 이런 곳은 일본의 건강랜드(健康ランド)와 비슷하다.
けんこう

お風呂でゆったりリラックス

목욕탕에서 느긋하게 휴식

일본인이 좋아하는 여가 중에서도 특히 온천 여행의 인기는 대단하다. 화산이 많은 일본에는 셀 수 없을 정도로 많은 온천이 있는데, 온천지 부근의 전통적인 일본식 호텔이나 여관(료칸)에는 객실에 욕조가 없는 곳도 있으므로 사전에 부근 숙박업소의 정보를 잘 알아보는 것이 좋다. 일본은 일반적으로 화장실과 욕실이 분리되어 있으며, 온천지 부근 숙박업소의 경우 각 방마다 개별 욕실이 딸려 있지 않고 대욕탕(大浴場)이라는 대형 공동 온천탕이 있는 곳이 많다. 또한 노천탕(露天風呂)은 대개 자연 경관을 살려 야외에 만들어져 있다. 때문에 본인이 원하는 타입의 온천을 즐기기 위해서는 숙박업소의 선택도 중요하다.

한편 일반 가정집에서는 매일 자기 전에 대개 욕조에 들어가 몸을 담근다. 욕실은 조금 좁다는 것 외에는 한국과 비슷하지만, 한 가지 다른 것은 욕조에 유와카시키(湯沸かし機)라는 가스식 가열 장치가 있어 한국처럼 온수를 직접 받는 것이 아닌 미리 욕조에 물을 받아놓고 목욕할 때 이 가열 장치를 이용하여 데워서 사용한다는 점이다. 이렇게 데운 욕조의 물은 가족들이 모두 돌아가면서 사용하므로 들어가기 전에 몸을 깨끗이 씻고 들어가며, 사용한 물은 절약을 위해 세탁 용수로 사용하기도 한다.

그 외에 한국의 대중탕과 비슷한 센토(銭湯-お風呂屋さん이라고도 함)는 대개 오후에 문을 열어 밤 12시 정도까지 영업을 하는 곳이 많은데 일반 가정에 욕실이 있으므로 한국만큼 많지 않다. 센토를 이용할 때에는 탕에 들어가기 전에 깨끗이 씻어야 하고 샤워기의 물살이 다른 사람에게 튀지 않도록 주의하는 것이 예의이다.

Lesson 10　チェックアウト

🎧 2-19

キム　　　チェックアウト、お願いします。

フロント　かしこまりました。冷蔵庫の中のものは、お飲みになりましたか。

キム　　　はい。ビールを３本とウーロン茶を２本、
　　　　　それからミネラルウォーターを１本。

フロント　国際電話もかけられましたね。それでは、全部で５万７千円で
　　　　　ございます。お支払いはカードになさいますか、現金になさいますか。

キム　　　カードでお願いします。

フロント　はい、少々お待ちください。
　　　　　では、こちらにサインをお願いいたします。
　　　　　どうもありがとうございました。また、お越しください。

パク　　　孝夫さん、京子さん、いろいろなところを案内してくださって、
　　　　　どうもありがとうございました。とっても楽しかったです。

孝夫　　　いいえ、とんでもない。楽しんでいただけたようで、よかったです。

京子　　　一年に一回ずつ、こうやってお互いの国を旅行するのもいいですね。

キム　　　そうですね。これからも
　　　　　どうぞよろしくお願いいたします。

チェックアウト	체크아웃
冷蔵庫れいぞうこ	냉장고
飲のむ	마시다
ビール	맥주
～本ほん・ぼん・ぽん	～병, ~자루(가늘고 긴 것을 세는 단위)
ウーロン茶ちゃ	우롱차
ミネラルウォーター	미네랄 워터, 생수
国際こくさい	국제
かける	걸다, (걸터) 앉다
お支払しはらい	지불
カード	카드
なさる	하시다(「なる(하다)」의 존경어)
現金げんきん	현금
少々しょうしょう	조금
待まつ	기다리다
(お)越こす	넘다, 이사하다, 「行く(가다), 来る(오다)」의 존경어
とんでもない	당치도 않다, 뜻밖이다, 천만에(요)
～回かい	~회, ~번
～ずつ	~씩
こうやって	이렇게 (해서)
お互たがい	서로
国くに	나라

관용 표현

+ 全部で 5 万 7 千円でございます。　전부 (다 해서) 5만 7천 엔입니다.

+ お支払いはカードでなさいますか。　지불은 카드로 하시겠습니까?

+ 少々お待ちください。　잠시만 기다려 주십시오.

+ また、お越しください。　또 오십시오.

문법 정리

문법❶ お〜になる

존경을 나타내는 가장 일반적인 형식은 동사의 ます형을 사용한 「お〜になる」형태이다.
단, ます형이 1음절인 2그룹 동사 「いる(있다)」, 「見る(보다)」, 「着る(입다)」와 3그룹 동사는 이
형태로는 잘 쓰이지 않는다. 또한 ます형이 2음절 이상이어도 별도로 사용하는 경어 동사가 따
로 있는 동사(行く, 言う 등)의 경우에도 이 형태로는 잘 쓰이지 않는다.

- 冷蔵庫の中のものは、お飲みになりましたか。 냉장고 안의 것은 드셨습니까?

- 先生はもうお帰りになりました。 선생님은 벌써 귀가하셨습니다.

문법❷ 〈존경〉 V(ら)れる

「〜(ら)れる」에는 앞서 배운 것과 같이 수동·가능·존경·자발 등 여러 가지 용법이 있다.
「〜(ら)れる」를 존경의 의미로 사용할 경우 수동형과 마찬가지로 1그룹 동사는 ウ단을 ア단으로
바꾼 후 「れる」를 붙여주며, 2그룹 동사의 경우 ます형에 「られる」를 붙여주면 된다.
단, 동사 「わかる(알다, 이해하다)」, 「できる(할 수 있다)」나 「行ける(갈 수 있다)」, 「読める(읽을
수 있다)」처럼 동사의 가능형인 형태로는 이 문형을 사용할 수 없다.
3그룹 동사의 경우 「する」는 별도의 경어 동사 「なさる」를 사용하며 「来る」는 수동형과 마찬
가지로 「来られる」를 사용한다.
일반적으로 「〜(ら)れる」보다는 「いらっしゃる」같은 경어 동사나 「お〜になる」문형 쪽이 보다
격식을 차린 경어 표현이라고 말할 수 있다.

- 国際電話もかけられましたね。 국제 전화도 거셨군요.

～ございます

「～です」나「～ます」는 말을 듣는 상대방에 대한 경의를 나타내는 정중어이다. 한국어로 해석하면 그 차이가 잘 드러나지 않지만 정중어인「～です」를 더욱 정중하게 표현한 것이「～でございます」이다.

- それでは、全部で5万7千円でございます。 그럼 전부 다 해서 5만 7천 엔입니다.

- お手洗いはあちらでございます。 화장실은 저쪽입니다.
  て あら

お～ください

「お～ください」는「～てください」보다 더 정중한 표현이다.「～てください」는 동사의 て형에 접속하며, 이보다 정중한 표현인「お～ください」는 동사의 ます형에 접속한다는 것을 기억하자.

- はい、少々お待ちください。 네, 잠시만 기다려 주십시오.

- また、お越しください。 또 와 주십시오.

お/ご～する/いたす

겸양 표현은 말하는 사람이 자신을 낮추는 것으로 가장 일반적인 형식은 동사의 ます형이나 한자어를 사용한「お(ご)～する」이다. 이때「する」대신「いたす」를 쓰면 보다 겸손한 표현이 된다.

- では、こちらにサインをお願いいたします。 그럼 이쪽에 사인을 부탁드리겠습니다.

- 私もお供いたします。 저도 함께 가겠습니다.
  とも

Vてくださる

「〜てくださる」는「〜てくれる(~해 주다)」의 존경 표현으로 '~해 주시다'라는 뜻이다. 「〜て くれる」와 마찬가지로 누군가가 화자(혹은 화자와 같은 그룹의 사람)에게 무언가를 해준 경우 에만 사용한다.

- 孝夫さん、京子さん、いろいろなところを案内してくださって、どうもありがとう ございました。
  다카오 씨, 교코 씨, 여러 곳을 안내해 주서서, 정말 고맙습니다.

- 先生が論文をコピーしてくださった。 선생님께서 논문을 복사해 주셨다.
  ろんぶん

Vていただく

「〜ていただく」는「〜てもらう(~해 받다)」의 존경 표현이다. 한국어로는 똑같이 해석되지만 「いただく」가「もらう」의 겸양어이므로 누군가가 무엇을 해주었다는 것을 나타내는 가장 정중 한 표현이다.
「〜てもらう」와 마찬가지로「〜ていただく」라는 표현은 '(~가 화자에게) ~해주셨다'라고 자 연스럽게 의역할 수 있으며, 일본어에서는 굉장히 자주 사용하는 표현이므로 기억해 두자.
「〜ていただける」는「〜ていただく」의 가능형이다.

- 楽しんでいただけたようで、よかったです。 즐거우셨다니 정말 다행입니다.

- 先生に、駅まで送っていただきました。 선생님께서 역까지 바래다 주셨습니다.
  おく

일본어의 경어

『경어(敬語)』란 말을 듣는 상대방이나 화제가 되는 인물에 대한 경의를 나타내는 표현이다.

> ⓐ 先生はもうお帰りになった？ 선생님은 벌써 돌아가셨어?
>
> ⓑ 先生はもうお帰りになりましたか？ 선생님은 벌써 돌아가셨습니까?

위 대화에서 ⓐ는 화제가 되는 인물 先生에 대한 경의를 나타내는 표현이며, ⓑ는 화제가 되는 인물뿐만 아니라 대화하고 있는 상대방에 대한 경의도 함께 포함되는 표현이라는 차이가 있다.

⚠참고 전자는 '소재경어(素材敬語)', 후자는 '대자경어(対者敬語)'라고 불린다.

경어는 크게 존경어, 겸양어, 정중어의 3가지로 구분되는 것이 일반적이다. 존경어와 겸양어는 화제가 되는 인물에 대한 경의를 나타내는 '소재경어'이고, 정중어는 대화의 상대방에 대한 경의를 표현하는 '대자경어'라고 할 수 있다.

1 존경어

존경어는 동작 주체에 대한 경어 표현으로 형식을 정리하면 다음과 같다.

동사

① 경어 동사

일본어에는 존경을 나타내는 동사가 따로 있어서, 각각의 의미에 해당하는 동사를 사용하면 그 자체로 존경어가 된다.(p.124 표 참조)

· 先生はもういらっしゃった。 선생님은 벌써 오셨다.

· 先生は「嬉しい」とおっしゃった。 선생님은 '기쁘다'고 말씀하셨다.

대표적으로는 「行く(가다)·来る(오다)·いる(있다)」의 존경어인 「いらっしゃる」와, 「する(하다)」의 존경어인 「なさる」, 「言う(말하다)」의 존경어인 「おっしゃる」 등을 들 수 있다. 이러한 경어 동사의 특징은 활용 형태가 일반 동사와 다르다는 점이다. 「～る」로 끝나지만 ます형은 「～います」형태가 된다.

② お + ます형 + になる

존경을 나타내는 가장 일반적인 형식은 동사의 ます형을 사용한 「お〜になる」 형태이다. '〜함이 되다'라고 직역하면 한국어 문법상 맞지 않으므로 '(동사 〜)시다'와 같이 문맥에 맞게 의역하는 것이 자연스럽다.

- 待つ → お待ちになる 기다리시다
- 帰る → お帰りになる 돌아가(오)시다

단, ます형이 1음절인 2그룹 동사 「いる(있다)」, 「見る(보다)」, 「着る(입다)」와 3그룹 동사는 이 형태로 잘 쓰이지 않는다. 또한 ます형이 2음절 이상이라도 ①의 경어 동사는 이 형태로 는 잘 쓰이지 않는다.

③ Vられる

앞서 배운 것처럼 1그룹 동사는 ウ단을 ア단으로 바꾼 후 「れる」를 붙이고, 2그룹 동사는 ます형에 「られる」를 붙여주는 형식의 존경 표현이다.

- 待つ → 待たれる 기다시리다
- 帰る → 帰られる 돌아가(오)시다

단, 동사 「わかる(알다, 이해하다)」, 「できる(할 수 있다)」 및 「行ける(갈 수 있다)」, 「読める(읽을 수 있다)」처럼 동사의 가능형인 형태로는 이 형식을 사용할 수 없다. 일반적으로 ③「V(ら)れる」 보다는 ① 경어 동사나 ②「お + ます형 + になる」 형식이 보다 격식을 차린 경어 표현이라고 말할 수 있다.

명사

① 명사 자체가 존경의 의미를 갖는 경우

- どなた　　かた　　〜さん　　〜様[さま]　　…… 등

② お(ご) + 명사

「お」는 和語(일본 고유어), 「ご」는 漢語(한자어)에 붙는 것이 원칙이지만, 예외*도 있다.
(1권 4과 문법정리 참조)

- お部屋[へや]　　お仕事[しごと]　　お名前[なまえ]　　お電話[でんわ]*　　お食事[しょくじ]*　　お時間[じかん]*
- ご住所[じゅうしょ]　　ご家族[かぞく]　　ご兄弟[きょうだい]　　ご両親[りょうしん]　　ご結婚[けっこん]　　…… 등

주체(사람)의 상태를 형용하는 일부 형용사에 「お」나 「ご」를 붙여서 존경 표현이 되기도 한다.

・お忙しい　　お元気*　　お早い　　ご心配　　ご多忙　　ご不満
　　　　　　　　　　　　　　　　　　　　　　　た ぼう　　ふ まん

❷ 겸양어

겸양어는 동작 주체를 낮춤으로써 상대적으로 동작을 받는 대상에 대한 경의를 나타내는 표현이다. 겸양어의 형식을 정리하면 다음과 같다.

동사

① 경양 동사

일본어에는 겸양을 나타내는 동사가 따로 있어서, 각각의 의미에 해당하는 동사를 사용하면 겸양어가 된다. (p.124 표 참조)

・私はキムミラと申します。　저는 김미라라고 합니다.
　　　　　　　　　もう
・韓国から参りました。　한국에서 왔습니다.
　　　　まい

대표적으로는 「行く(가다)·来る(오다)」의 겸양어인 「参る」와, 「する(하다)」의 겸양어인 「い
　　　　　　　　　　　　　　　　　　　　まい
たす」, 「言う(말하다)」의 겸양어인 「申す·申し上げる」 등을 들 수 있다.
　　　　　　　　　　　　もう　もう　あ

② お + ます형 + する(いたす)

겸양을 나타내는 가장 일반적인 형식은 동사의 ます형이나 한자어를 사용한 「お(ご)〜する」 형태이다. 이때 「する」 대신 「いたす」를 쓰면 보다 정중한 표현이 된다.

・待つ→お待ちする(いたす)　기다리다
・案内する→ご案内する(いたす)　안내하다

명사

명사 존경어와 같이 「お」나 「ご」를 붙여서 겸양어가 되는 경우도 있다.

・先生、ちょっとご相談がありますが。　선생님, 잠깐 상담드릴 것이 있는데요.
　　　　　　　　そうだん

🖪 정중어

정중어는 듣는 사람에 대한 경의를 나타내는 표현으로, 가장 대표적인 형식은 문말에 붙이는 「～です」,「～ます」이다. 더 정중하게 말하는 경우에는 「～でございます」의 형태도 쓰인다.

・お手洗はあちらです。 화장실은 저쪽입니다.

・お手洗はあちらでございます。 화장실은 저쪽입니다.

📂 존경어·겸양어를 한눈에!

존경어	기본형	겸양어
いらっしゃる	行く・来る	参る
いらっしゃる	いる	おる
召し上がる	食べる・飲む	いただく
お休みになる	寝る	
お亡くなりになる	死ぬ	
おっしゃる	言う	申す / 申し上げる
ご覧になる	見る	拝見する
お召しになる	着る	
なさる	する	いたす
ご存知だ	知っている	存じる
くださる	くれる	
	あげる	さしあげる
	もらう	いただく

🔊 **인토네이션 체크** 🎧 2-20

しょうしょうおまちください。

また、おこしください。

1 A : どうぞおかけになってください。

 B : じゃ、失礼します。
　　　　　しつれい

2 A : お荷物をお持ちいたします。
　　　　にもつ　　　　も

 B : あ、お願いします。
　　　　　　ねが

3 A : すみません、両替していただけますか。
　　　　　　　　　りょうがえ

 B : はい、少々お待ちください。
　　　　しょうしょう　　ま

4 A : 何かありましたら、いつでもフロントまでお電話なさってください。
　　　なに　　　　　　　　　　　　　　　　　　　でんわ

 B : はい、わかりました。

📖 **새 단어**

失礼しつれいする 실례하다	持もつ 들다, 가지다	電話でんわする 전화하다
荷物にもつ 짐	両替りょうがえ 환전	

練習問題

1 빈 칸에 알맞은 단어를 써 넣으세요.

존경어	《	기본형	》	겸양어
いらっしゃる		行く・来る		参る
いらっしゃる				おる
召し上がる		食べる・飲む		いただく
お休みになる				
お亡くなりになる		死ぬ		
		言う		申す / 申し上げる
ご覧になる		見る		
		着る		
なさる		する		
ご存知だ		知っている		存じる
くださる		くれる		
		あげる		さしあげる
		もらう		いただく

2 [보기]와 같이 (   ) 안의 동사를 경어 동사로 바꾸어 문장을 완성해 보세요.

[보기]

日本の映画を <u>ご覧になった</u> ことがありますか。**(見る)**

① 朴先生はいつも日本語で _____ います。**(言う)**

② そのケーキは山田さんのお母さんが _____ んですよ。**(くれる)**

③ 金さんは日本旅行を _____ ことがありますか。**(する)**

3 제시된 일본어를 사용하여 문장을 만들어 보세요.

보기

冷蔵庫の中のもの / 飲んだ

→ 冷蔵庫の中のものは、お飲みになりましたか。

① 先生 / もう帰った

→ _____

② このさし絵 / 山本さんご自身が描いた
　　　え　　やまもと　　　　じしん　　か

→ _____

③ 先生 / うちに泊まる
　　　　　　　　　と

→ _____

4 다음 문장을 우리말로 바꾸어 보세요.

① お荷物をお持ちします。　　　　→ _____

② 部長をお宅まで車でお送りしました。 → _____
　 ぶちょう　たく　　　　おく

③ ご注文の品をお届けしました。　 → _____
　 ちゅうもん　しな　とど

④ ソウルはぼくがご案内します。　 → _____

⑤ 先生には私がご連絡します。　　 → _____

韓国はこんな国!

한국은 이런 나라!

일본인들이 다른 해외 여행에 비해 한국 관광을 선호하는 것은 여러 가지로 장점이 있기 때문인데「安近短」라는 일본어로 이를 표현하곤 한다. 한자를 풀어서 쓰면 한국이 싸고(安い), 가깝고(近い), 짧게(短い) 다녀올 수 있는 곳이라는 뜻이다.

한국에 오는 가장 큰 목적은 관광이라 할 수도 있지만, 한국 음식을 즐기러 오는 식도락파, 좋은 제품을 싸게 사려는 알뜰 쇼핑파, 한증막이나 K-Pop 등의 문화 체험파, 마사지나 성형 등의 미용 서비스가 목적인 경우 등이 있다. 일본인들은 여행 도중 신세 지게 될 사람을 예상해서, 크게 비싸지는 않지만 정성을 표하는 선물을 준비해 온다. 한국인들이 선물의 크기나 질을 따진다면 일본인들은 비싸지 않더라도 마음이 담긴 선물을 하며, 먹어서 없어지거나 비누처럼 사용해서 없어지는 소비재를 많이 선물한다. 사용하여 없어지면 추후 서로 부담을 느끼지 않는다는 의미라고 한다. 따라서 녹차나 일본 과자, 소품 등을 선물로 가져오는 경우가 많다. 우리도 한국 김이나 인삼차, 한과 등 고가가 아니더라도 정성을 담은 선물을 답례로 주면 좋을 것이다.

한국에 대한 유용한 기초 지식

면적 223,348km² 이중 대한민국만 100,412km²

인구 5천 168만 명(대한민국 2021년 기준)

수도 서울(ソウル, Seoul)

행정구역 1특별시 6광역시 8도 1특별자치도 1특별자치시

정치 대통령을 원수로 하는 입헌민주공화제이며 삼권분립제로 국회는 일원제

종교 2세기경에 들어와 역사적으로 많은 영향을 끼치며 문화 유적을 남긴 불교, 한국인 의식에 뿌리가 되는 유교, 개화기에 들어와 많은 신자를 확보한 기독교와 천주교 등이 있다.

기후 일본과 비슷한 위도에 위치하고 있어 사계절이 뚜렷하고 온난하지만, 일본인이 느끼기에는 건조하며 바람이 잦은 날씨이다. 여행하기에는 봄·가을이 좋다.

日本

日本はどんな国?

일본은 어떤 나라?

일본에 갔을 때 일본인들의 예절을 이해하고 실천하면 더욱 호감을 받을 수 있을 것이다. 일본인과 처음 만나 인사를 하게 되면 서로 명함을 주고 받는 경우가 많다. 명함을 받게 되면 명함을 자세히 들여다 본 다음, 테이블에 놓고 명함을 보면서 이야기하는 편이 좋다. 너무 빨리 명함을 치워도 실례가 되고 그냥 놔두어도 실례가 되므로 좀 들여다 본 다음, 명함 지갑 등에 넣어 양복 안 쪽 주머니에 넣는 것이 예의이다. 또한 다음에 만났을 때 지난 번에 받은 대접에 대한 감사 인사를 하는 것이 예의이므로 기억해 두자.

일본에 대한 유용한 기초 지식

면적 377,975km²

인구 약 1억 2,548만 명(2021년 기준)

수도 도쿄(東京, Tokyo)

행정구역 1道(北海道), 1都(東京都),
　　　　　 2府(大阪府, 京都府), 43県

정치 일본은 입헌군주제로 일왕이 최고 통치자이지만 막부시대 이래로 상징적인 존재에 불과하고, 전체적인 정치 형태는 영국식 내각을 본떠서 만들었다. 국회가 인준한 총리가 국가를 대표한다.

종교 95% 이상이 불교를 믿는데 일본의 토속 신앙이라고 할 수 있는 신교(神道)가 혼용되어 있다. 따라서 집안에 조상이나 토속 신앙을 상징하는 작은 불단(仏壇)이나 카미다나(神棚)가 마련되어 있는 가정도 많다. 그 외에 기독교나 다른 종교를 믿는 사람은 매우 적은 편이다.

기후 한국처럼 온대기후로 사계절이 뚜렷하지만, 섬나라이기 때문에 여름엔 우리보다 습하고 태풍과 장마의 영향을 많이 받는다. 그러나 일본의 지형이 북동에서 남서로 길게 뻗어 있어 눈이 많이 오는 최북단의 홋카이도에 비해 최남단의 오키나와는 아열대 기후로 현격히 다른 풍광과 날씨를 보인다. 따라서 일본 여행을 계획할 때는 계절뿐만 아니라 지역도 고려해서 준비해야 한다.

음성 스크립트 해석

Lesson 1 멋진 거리, 명동

본문 회화 🎧 2-01

다카오 와~ 붐비네요.

박 여기가 명동의 중심입니다. 한국에서 가장 땅값이 비싼 장소이지요.

김 일본의 신주쿠나 시부야와 비슷해요. 명동은 언제나 사람으로 북적대지요.

교코 저 여자, 세련되고 귀엽네요.

김 저는 젊은 사람들의 패션은 별로 잘 모르겠어요. 하지만 여기에는 유행하는 옷이나 구두 등이 많이 있습니다.

박 에전부터 고급 브랜드 부티크나 세련된 카페가 모여 있지요.

다카오 그럼 먼저 멋진 카페에 가서 커피라도 마실까요?

교코 아니요, 커피는 쇼핑하고 나서 마시죠.

응용 회화 🎧 2-02

1 **A:** 명동에 자주 옵니까?
   B: 아니요, 별로 자주 오지 않습니다.

2 **A:** 남편 분은 누구와 닮았습니까?
   B: 기무타쿠와 닮았어요.

3 **A:** 지하철 표는 어떻게 삽니까?
   B: 일본과 마찬가지로 교통 카드를 사용합니다.

4 **A:** 무엇을 보고 있습니까?
   B: 저 파란 옷이요.

Lesson 2 술 자리에서

본문 회화 🎧 2-03

김 자, 건배합시다.

교코 저, 한국어로 「かんぱい」는 뭐라고 합니까?

박 「건배」입니다. 「かんぱい」라는 의미이지요. 한자는 똑같아요.

교코 헤~, 재미있네요.

다카오 오늘은 맛있는 것도 먹고, 여러 가지 선물을 사기도 했어요. 아주 좋은 하루였습니다. 김(지호) 씨, 박(미나) 씨, 정말 고마워요.

점원 건배!

다카오 어, 김(지호) 씨, 왜 옆을 향해서 마시는 겁니까?

김 스즈키 씨는 저보다 나이가 많으니까, 조금 옆을 향하고 마십니다. 한국의 관습입니다.

다카오 아, 그렇습니까?

교코 아, 박(미나) 씨, 받으세요.

박 고맙습니다. 그런데, 한국은 전부 마시고 난 다음에 따른답니다.

교코 그래요? 일본과 다르네요.

응용 회화 🎧 2-04

1 **A:** 이건 막걸리라고 하는 술입니다. 한국의 탁주예요.
   B: 와, 어떤 맛인가요?

2 **A:** 어제는 무엇을 했습니까?
   B: 영화를 보거나 노래방에 가거나 했어요.

3 **A:** 어제 드라마 봤어요?
   B: 네, 봤어요. 매우 좋은 이야기였습니다.

4 **A:** 차 드세요.
   B: 감사합니다.

Lesson 3 조선시대로 시간 여행, 민속촌

본문 회화 🎧 2-05

김 여기가 민속촌입니다. 조선시대 건물이라든가 생활 양식을 알 수 있습니다.

박 조선시대의 의식주가 그대로 재현되어 있어요.

다카오 옛날로 시간 여행을 온 것 같네요. 아, 저건 무엇입니까?

박 저건 널뛰기입니다. 음력 설의 놀이예요. 젊은 여성들이 뛰며 놀았지요.

교코 아, 재미있겠네요.

박 교코 씨, 함께 해 봐요.

교코 해 보고 싶은데, 오늘은 너무 많이 걸어 다리가 아파서, 저는 됐습니다.

응용 회화 2-06

1 A: 민속촌에서는 여러 가지 전통 생활을 체험할 수 있어요.

B: 와, 재미있겠네요.

2 A: 저건 무엇입니까?

B: 전통 결혼식입니다. 조금 볼까요?

3 A: 무슨 일이십니까?

B: 과음해서 머리가 아픕니다.

4 A: 차량 준비는 이미 했습니다.

B: 고마워요.

Lesson 4 신라의 수도, 경주

본문 회화 2-07

경주로 가는 기차 안에서

김 경주는 천년을 이어온 신라의 수도(도읍지)입니다. 도시 전체가 박물관 같지요.

교코 와, 기대되네요. 추천할 만한 곳은 어디입니까?

박 석굴암과 불국사는 세계문화유산이니까, 꼭 가 보는 것이 좋습니다.

김 그리고 첨성대나 남산에도 안내할 생각입니다. 특히 남산은 멋진 곳입니다.

다카오 그렇습니까? 빨리 가 보고 싶네요.

❖ ❖ ❖

다카오 너무 재미있어서 매일매일이 눈 깜짝할 사이에 가 버렸어요.

교코 아직 돌아가고 싶지 않네요.

박 저도 좀 더 같이 여행하고 싶었습니다.

김 다음번에는 일본에서 만납시다.

응용 회화 2-08

1 A: 국립 경주박물관에는 여러 가지가 있네요.

B: 그렇네요. 작은 경주 같아요.

2 A: 이제부터 어디로 갑니까?

B: 불국사에 갈 생각입니다.

3 A: 버스가 가 버렸네요.

B: 그럼 다음 차를 기다리지요.

4 A: 황남빵은 경주 명물이니 꼭 사는 게 좋아요.

B: 그렇습니까?

Lesson 5 신주쿠에서 쇼핑

본문 회화 2-09

신주쿠에서

김 신주쿠는 오래간만이네요. 거리가 복잡해서 언제나 헤매고 맙니다.

다카오 신주쿠는 큰 번화가니까요. 도청이랑 사무실 빌딩도 있고, 고급 백화점부터 디스카운트 스토어까지 다양한 가게가 있습니다.

교코 맛있는 가게도 많아요. 아 참(맞다, 맞아), 근처에 코리아타운도 있습니다. 그런데 박(미나) 씨, 뭔가 사고 싶은 것은 있습니까?

박 실은 딸이 디지털카메라를 갖고 싶어 해서 사서 가고 싶습니다. 그리고 일본어 소설책이 갖고 싶어요.

교코 여기는 저렴한 가전제품 가게도 많이 있어요.

김 아키하바라와 신주쿠 중에서 어디가 좋습니까?

다카오 글쎄요, 신주쿠 쪽이 편리하고 좋을지도 모르겠네요. 아, 거기에 큰 서점이 있어요. 서점에 간 다음에, 카메라를 보러 가지요.

응용 회화 2-10

1 A: 어제는 어디에 갔습니까?

B: 신주쿠에도 갔고 시부야에도 갔습니다.

2 A: 어디에 가실래요?

B: 디즈니랜드에 갑시다. 아들이 가고 싶어 해요.

3 A: 초밥과 라면 어느 쪽을 좋아하십니까?

B: 저는 초밥을 더 좋아합니다.

4 A: 오늘은 비가 올 지도 몰라요.

B: 그럼 우산을 가져 갑시다.

Lesson **6** 문화와 쇼핑의 거리 우에노

본문 회화 🎧 2-11

김　　우에노 공원에는, 박물관이나 미술관, 동물원 등, 여러 가지가 있네요.

다카오　너무 넓어서 하루에 전부 볼 수 없지요.

박　　아, 저것은 누구의 동상입니까?

교코　사이고 다카모리라고 하는, 유명한 사람입니다.

박　　들어본 적이 있습니다. 근대 일본을 만든 인물 중 한 명이지요.

다카오　근처에 아메요코라는 큰 상점가가 있습니다. 식품이랑 옷, 가방, 화장품 등을 싸게 살 수 있어요. 거기 가보고 나서, 스시라도 먹으러 가지요.

박　　초밥은 비싸지 않습니까?

다카오　걱정하지 마세요. 회전 초밥은 한 접시에 백 엔부터 있으니까요.

김　　그리고, 접시 색깔로 가격을 알 수 있지요?

교코　네. 게다가 오늘은 남편이 사는 거니까, 안심하고 많이 드세요.

응용 회화 🎧 2-12

1 A: 역까지 혼자 갈 수 있어요?

B: 네, 괜찮아요.

2 A: 전에 우에노 공원에서 꽃구경을 한 적이 있습니다.

B: 그래요? 거기는 꽃구경의 명소지요.

3 A: 쓰레기는 어떻게 버립니까?

B: 타는 쓰레기는 이쪽에 버려 주세요. 비닐은 타지 않는 쓰레기이니 타는 쓰레기와 같이 버리지 말아 주세요.

4 A: 안경은 어디에 있습니까?

B: 안경이라면 책상 위에 있어요.

Lesson **7** 먹고 노는데 혈기 왕성한 거리, 오사카

본문 회화 🎧 2-13

김　　오사카는 일본 제2의 도시이지요?

다카오　네, 오사카는 옛날부터 상업으로 발전해 왔습니다.

박　　먹고 마시다가 망하는 도시로도 유명하다지요?

교코　네, 특히 여기 도톤보리는 다코야키나 오코노미야키, 구시가스, 오사카 초밥 등, 오사카의 명물을 이것저것 먹을 수 있습니다.

김　　아, 저기에 커다란 게 간판이 있네요. 게를 보니, 배가 고파졌어요. 어? 저 인형, 움직이네요?

교코　「食い倒れ人形」라고 하는데, 저것도 오사카의 명물이에요.

박　　재미있네요. 같이 사진 찍어도 될까요?

다카오　네, 괜찮아요. 제가 찍을게요. 자, 웃으세요. 자, 치~즈!

응용 회화 🎧 2-14

1 A: 다음 주에 오사카에 갑니다.

B: 그래요? 오사카에 가면 꼭 다코야키를 먹어 보세요.

2 A: 오사카성은 도요토미 히데요시가 세웠다지요?

B: 네, 그렇습니다. 오사카의 상징이에요.

3 A: 여기에서 사진을 찍어도 됩니까?

B: 찍어도 됩니다만 플래시는 삼가해 주세요.

4 A: 어제 USJ에 갔다 왔습니다.

B: 어땠어요?

Lesson 8 천년의 옛 수도, 교토

교토에서

박 여기가 금각사군요. 와~, 정말 금색으로 반짝반짝 빛나네요.

교코 교토에는 정말 많은 절이 있습니다. 그중에서 여기 금각사나 청수사, 은각사 등은 세계 문화유산으로 지정되어 있지요.

김 그렇군요. 그런데 금각사가 금색이면, 은각사는 은색입니까?

교코 아니요. 은각사는 은색은 아닙니다. 당시에는 돈이 없어서, 은박을 입힐 수가 없었지요.

김 교코 씨는 교토에 대해 잘 아시는 것 같네요.

다카오 교코는 교토에서 태어났으니까요. 우리 부부는 관동 사나이에 교토 여인이랍니다.

박 과연. 그래서 다카오 씨는 잘생겼고, 교코 씨는 예쁜 거군요.

교코 어머, 오오키니.

박 네? 그건 무슨 의미입니까?

교코 교토 사투리로,「고마워요」라는 뜻이에요.

박 그래요? 도쿄 말과 전혀 다르네요.

1 A: 청수사의 무대는 유명하군요.

B: '청수의 무대에서 뛰어 내린다'라는 말로 잘 알려져 있지요.

2 A: 에마에 소원을 적으면 소원이 이루어진답니다.

B: 정말인가요? 그럼 저도 적어 볼래요.

3 A: 교토는 절임 음식이 맛있습니다.

B: 와, 사토 씨는 음식에 정통하시네요.

4 A: 저는 일본어를 6년간 공부했습니다.

B: 그래서 그렇게 잘 하시는군요.

Lesson 9 일본의 유명 온천, 벳푸

교코 벳푸는 일본을 대표하는 온천으로 아주 규모가 크지요.

박 아주 기대됩니다. 그중에서도, 여러 가지 색의 온천을 보는, 지옥 순회가 유명하다고 하던데요.

김 지옥 순회, 어쩐지 무서울 것 같은 이름인데요.

다카오 그렇지요. 그래도 자연의 힘의 위대함을 느낄 수 있어요.

박 저는 온천은 처음인데, 어떻게 들어가면 됩니까?

다카오 우선 몸을 씻고 나서 탕에 들어갑니다. 들어가기 전에 먼저 몸에 물을 뿌리면 부담이 없어요.

교코 그리고 탕에서 나올 때는 물로 몸을 씻지 않도록 하세요. 씻으면 온천의 효과가 없어집니다.

박 그렇습니까? 점점 기대가 되기 시작했어요. 온천에도 세신 서비스가 있습니까?

다카오 세신 서비스는 없지만 마사지라면 받을 수 있습니다.

교코 세신 서비스는 받을 수 없어도, 제가 목욕탕에서 등을 밀어줄게요.

1 A: 수건은 탕 안에 넣지 말아 주세요.

B: 네, 알겠습니다.

2 A: 거기 간장을 집어 주시겠습니까?

B: 네, 여기요.

3 A: 노천탕에 가 보고 싶습니다.

B: 그럼 제가 안내해 드리겠습니다. 같이 가요.

4 A: 유카타는 어떻게 입으면 됩니까?

B: 제가 가르쳐 드릴게요.

Lesson 10 체크아웃

본문 회화 🎧 2-19

김   체크아웃, 부탁합니다.

프런트 알겠습니다. 냉장고 안의 것은 드셨습니까?

김   네. 맥주 3병과 우롱차 2병, 그리고 생수 1병
          이요.

프런트 국제전화도 쓰셨네요. 그러면 전부 5만 7천
          엔입니다. 지불은 카드로 하시겠습니까, 현
          금으로 하시겠습니까?

김   카드로 부탁합니다.

프런트 네, 잠시만 기다려 주십시오. 그럼, 여기에
          서명 부탁드립니다. 대단히 감사합니다. 또
          와 주십시오.

박   다카오 씨, 교코 씨, 여기저기 안내해 주셔서
          정말 감사했습니다. 매우 즐거웠습니다.

다카오 아니요, 별말씀을 다 하십니다(당치도 않습
          니다). 즐거우셨다니 다행이네요.

교코   일 년에 한 번씩, 이렇게 서로의 나라를 여행
          하는 것도 좋네요.

김   그렇네요. 앞으로도 잘 부탁드립니다.

응용 회화 🎧 2-20

1 **A:** 앉으십시오.
   B: 그럼 실례하겠습니다.

2 **A:** 짐을 들어 드리겠습니다.
   B: 아, 부탁드립니다.

3 **A:** 실례합니다, 환전해 주시겠습니까?
   B: 네, 잠시만 기다려 주세요.

4 **A:** 무슨 일이 있으면 언제라도 프런트로 전화
       해 주십시오.
   B: 네, 알겠습니다.

Lesson 1 멋진 거리, 명동

1 ① おしゃれなカフェに行って、コーヒーでも飲みましょうか。
② 雰囲気のいいレストランへ行って、ワインでも飲んだ方がいいですよ。
③ 映画を見て、食事でもしましょうか。
④ 電話をして、チケットを予約しましょう。
2 ① 食べている
② 読んでいる
③ かけている
④ 教えている
3 ① ショッピングをしてからコーヒーを飲みましょう。
② 買い物をしてから食事をしましょう。
③ 歯を磨いてから買い物に出かけましょう。
④ 約束をしてから訪問をしましょう。
4 ① よく分かりません。
② ひどくありません。
③ 親しくありません。
④ 辛くありません。
⑤ 安くありません。

Lesson 2 술 자리에서

1 ① あの人は公務員ではありませんでした。
② あの人はサッカー選手ではありませんでした。
③ あの人はイギリス人ではありませんでした。
④ あの人はフランス人ではありませんでした。
2 ① 映画を見たりカラオケへ行ったりしました。
② マンガを読んだりゲームをしたりしました。

③ 掃除をしたり洗濯をしたりしました。
④ メールをおくったり手紙を書いたりしました。
3 ① これはマッコリというお酒です。
② これはメシル酒という果実酒です。
③ これはこけしという人形です。

Lesson 3 조선시대로 시간 여행, 민속촌

1 ① スンデを食べる / できます
② 韓国語を話す / できます
③ 免税店でキムチを買う / できます
2 ① まるで英語を聞いているみたいですね。
② まるで子供みたいですね。
③ 人生はドラマみたいですね。
④ 山田は君のことが好きみたいですね。
3 ① 食べてみたい
② 行ってみたい
4 ① テーブルの上には花がかざってあります。
② 黒板に英語でthank youと書いてあります。
③ ホテルの手配は(もう)してあるので心配ありません。

Lesson 4 신라의 수도, 경주

1 ① 昨日も飲んだので今日は休んだ方がいいですね。
② 数学は難しいのでたくさん勉強した方がいいですね。
③ それに関しては先生に言わない方がいいですね。
④ 学生の時はタバコはすわない方がいいですね。

2 ① 交番にとどけた方
② 早く予約した方
3 ① 泣いてしまいました
② 別れてしまいました
③ 落ちてしまいました

Lesson 5 신주쿠에서 쇼핑

1 ① 夏はムル冷麺の方が注文が多いかもしれ
ません。
② 野球の方が人気があるかもしれません。
③ ノートパソコンの方が安いかもしれませ
ん。
2 ① スポーツカーをほしがっています。
② ブランドバックをほしがっています。
③ ノートパソコンをほしがっています。
3 ① ええ、交通も便利だし、自然も多いです
から。
② ええ、日本語もできるし、中国語もでき
ますから。
③ ええ、値段も安いし、おいしいですから、
人がいっぱいです。

Lesson 6 문화와 쇼핑의 거리 우에노

1 ① ありません / 行ったことがあります。
② ありません / 見たことがあります。
③ ありません / 食べたことがあります。
2 ① 今週中にホテルを予約してください。
② 山田さんに早く連絡してください。
③ 燃えるごみはこちらに捨ててください。
3 ① あぶないですから、ここで泳がないでく
ださい。
② 高いから、タクシーで行かないでくださ
い。
③ 私も分からないので、聞かないでくださ
い。

4 ① 一人で全部食べられる。
② これは子供でもできる。
③ キムチは免税店でも買える。

Lesson 7 먹고 노는데 혈기 왕성한 거리, 오사카

1 ① 大阪へ行ったら是非たこ焼きを食べてく
ださい。
② この仕事が終わったら、休みたい。
③ この仕事が済んだら、帰ってください。
④ この仕事が片付いたら、一休みしません
か。
⑤ カニを見たら、おなかがすいてきました。
2 ① 오사카성은 도요토미 히데요시가 세웠다고
하지요.
② 저 사람은 형사라고 한다.
③ 먹고 마시다가 망하는 거리로도 유명하다지
요.
④ 도쿄의 물가는 비싸다고 합니다.
3 ① ここで写真を撮ってもいいですか。
② ここに入ってもいいですか。
③ この服、ちょっと着てみてもいいですか。
④ このお菓子食べてもいいですか。
4 ① 大阪は昔から商業で発展してきたそうで
す。
② 日本は物価が高いそうです。
③ あの人は先生だそうです。

Lesson 8 천년의 옛 수도, 교토

1 ① 「清水の舞台から飛び降りる」という言葉で
　　知られていますね。
　② この歌は多くの韓国人に愛されています。
　③ 山田さんは先生に叱られました。
　④ 私が作った作品を先生にほめられました。

2 ① ん
　② なん
　③ ん
　④ ん

3 ① 山田さんは日本語を６年間勉強しました
　　から、やっぱり日本語がお上手なわけで
　　すね。
　② どうりで孝夫さんは男前で、京子さんは
　　おきれいなわけですね。
　③ 田中さんは３年間韓国で働いていたから、
　　韓国の事情にかなり詳しいわけですね。
　④ 旅行に慣れていないから、失敗も多いわ
　　けです。

4 ① 田中さんは韓国の歴史に詳しいです。
　② 松田さんはスポーツに詳しいです。
　③ キムさん日本の法律に詳しいです。

Lesson 9 일본의 유명 온천, 벳푸

1 ① 守るようにしてください。
　② 遅れないようにしてください。
　③ するようにしてください。

2 ① 水泳なら私が教えてあげますよ。
　② 友だちの誕生日に花を買ってあげました。
　③ 誰に日本語を教えてもらいましたか。

3 ① 春が来れば桜の花が咲く。
　② 雨が降ればピクニックは中止です。
　③ 年をとれば体が弱くなる。

Lesson 10 체크아웃

1

존경어	《 기본형 동사 》	겸양어
いらっしゃる	行く・来る	参る
いらっしゃる	いる	おる
召し上がる	食べる・飲む	いただく
お休みになる	寝る	
お亡くなりになる	死ぬ	
おっしゃる	言う	申す / 申し上げる
ご覧になる	見る	拝見する
お召しになる	着る	
なさる	する	いたす
ご存知だ	知っている	存じる
くださる	くれる	
	あげる	さしあげる
	もらう	いただく

2 ① おっしゃって
　② くださった
　③ なさった

3 ① 先生はもうお帰りになりましたか。
　② このさし絵は山本さんご自身がお描きに
　　なりましたか。
　③ 先生はうちにお泊りになりますか。

4 ① 짐을 들어 드리겠습니다.
　② 부장님을 댁까지 차로 모셔다 드렸습니다.
　③ 주문하신 물건을 보내드렸습니다.
　④ 서울은 제가 안내해 드리겠습니다.
　⑤ 선생님께는 제가 연락해 드리겠습니다.

MEMO

MEMO

리얼 관광 일본어 ❷

초판인쇄	2021년 8월 16일
초판발행	2021년 8월 27일

저자	이경수, 박민영, 송정식, 김진희, 미네자키 도모코
책임 편집	김성은, 조은형, 무라야마 토시오, 박현숙, 손영은
펴낸이	엄태상
디자인	이건화
조판	김성은
콘텐츠 제작	김선웅, 김현이
마케팅	이승욱, 전한나, 왕성석, 노원준, 조인선, 조성민
경영기획	마정인, 조성근, 최성훈, 정다운, 김다미, 오희연
물류	정종진, 윤덕현, 양희은, 신승진

펴낸곳	시사일본어사(시사북스)
주소	서울시 종로구 자하문로 300 시사빌딩
주문 및 교재 문의	1588-1582
팩스	0502-989-9592
홈페이지	www.sisabooks.com
이메일	book_japanese@sisadream.com
등록일자	1977년 12월 24일
등록번호	제 300-1977-31호

ISBN 978-89-402-9338-6 (14730)
　　　978-89-402-9330-0 (set)